Suhrkamp BasisBibliothek 122

»Alexander Kluges *Der Luftangriff auf Halberstadt am 8. April 1945* zählt zu den ergreifendsten Zeugnissen der Bombardierung deutscher Städte durch die Alliierten. Dokument und Imagination beteiligen sich hier gleichermaßen an der ›Recherche verlorener Zeit‹, wie es W. G. Sebald genannt hatte.« *Neue Zürcher Zeitung*

Diese Ausgabe der »Suhrkamp BasisBibliothek – Arbeitstexte für Schule und Studium« bietet nicht nur Alexander Kluges Erzählung, sondern auch einen Kommentar, der alle für das Verständnis der Erzählung erforderlichen Informationen enthält: ein biografisches Porträt des Autors, ein Essay zum historischen Kontext, die Entstehungs-, Text- und Rezeptionsgeschichte, Deutungsansätze, Literaturhinweise sowie detaillierte Wort- und Sacherläuterungen.

Thomas Combrink, geboren 1976, studierte Literaturwissenschaft, Anglistik und Philosophie in Bielefeld und hat über Helmut Heißenbüttel promoviert. Er ist Mitarbeiter im literarischen Bereich bei Alexander Kluge.

Alexander Kluge
Der Luftangriff auf Halberstadt am 8. April 1945

Mit einem Kommentar
von Thomas Combrink

Suhrkamp

Der vorliegende Text folgt der Ausgabe:
Alexander Kluge, *Der Luftangriff auf Halberstadt am 8. April 1945*. Frankfurt am Main: Suhrkamp Verlag 2008.

In Absprache mit dem Autor wurden vom Herausgeber des Bandes an einigen Stellen Kürzungen und Korrekturen vorgenommen.

Erste Auflage 2014
Originalausgabe
Suhrkamp BasisBibliothek 122

Satz: pagina GmbH, Tübingen
Druck: CPI – Ebner & Spiegel, Ulm
Umschlagabbildung: Regina Schmeken/Süddeutsche Zeitung Photo
Umschlaggestaltung: Regina Göllner und Hermann Michels
Printed in Germany

ISBN: 978-3-518-18922-1

Inhalt

Der Luftangriff auf Halberstadt am 8. April 1945

I

[Abgebrochene Matinee*-Vorstellung im »Capitol«, Sonntag, 8. April, Spielfilm »Heimkehr« mit Paula Wessely und Attila Hörbiger] Das Kino »Capitol« gehört der Familie Lenz. Theater-Leiterin, zugleich Kassiererin, ist die Schwägerin, Frau Schrader. Die Holztäfelung der Logen, des Balkons, das Parkett sind in Elfenbein gehalten, rote Samtsitze. Die Lampenverkleidungen sind aus brauner Schweinsleder-Imitation. Es ist eine Kompanie Soldaten aus der Klus-Kaserne zur Vorstellung heranmarschiert. Sobald der Gong, pünktlich 10 Uhr, ertönt, wird es im Kino sehr langsam, den dazwischengeschalteten Spezialwiderstand hat Frau Schrader gemeinsam mit dem Vorführer gebaut, dunkel. Dieses Kino hat, was Film betrifft, viel Spannendes gesehen, das durch Gong, Atmosphäre des Hauses, sehr langsames Verlöschen der gelbbraunen Lichter, Einleitungsmusik usf. vorbereitet worden ist.

(franz.) Veranstaltung, die am Vormittag stattfindet

Jetzt sah Frau Schrader, die in die Ecke geschleudert wird, dort, wo die Balkonreihe rechts an die Decke stößt, ein Stück Rauchhimmel, eine ⌜Sprengbombe⌝ hat das Haus geöffnet und ist nach unten, zum Keller, durchgeschlagen. Frau Schrader hat nachsehen wollen, ob Saal und Toiletten nach ⌜Vollalarm⌝ restlos von Besuchern geräumt sind. Hinter der Brandmauer des Nachbarhauses, durch die Rauchschwaden, flackerte Brand. Die Verwüstung der rechten Seite des Theaters stand in keinem sinnvollen oder dramaturgischen Zusammenhang zu dem vorgeführten Film. Wo war der Vorführer? Sie rannte zur Garderobe, von wo aus sie die repräsentative Eingangshalle (geschliffene Glas-Pendeltüren), die Ankündigungstafeln sah, »wie Kraut und Rüben« durcheinander. Sie wollte sich mit einer Luftschutz-Schippe daranmachen, die Trümmer bis zur 14-Uhr-Vorstellung aufzuräumen.

Dies hier war wohl die stärkste Erschütterung, die das Kino unter der Führung von Frau Schrader je erlebt hatte, kaum vergleichbar mit der Erschütterung, die auch beste Filme auslösten. Für Frau Schrader, eine erfahrene Kino-Fachkraft, gab es jedoch keine denkbare Erschütterung, die die Einteilung des Nachmittags in vier feste Vorstellungen (mit Matinee und Spätvorstellung auch sechs) anrühren konnte. Inzwischen kam aber die ⌜4. und 5. Angriffswelle⌝, die ihre Bomben ab 11.55 Uhr auf die Stadt abwarf, mit einem ekelhaften und »niedrigen« Brummton heran, Frau Schrader hörte den Pfeifton und das Rauschen der Bomben, die Einschläge, so daß sie sich in einer Ecke zwischen

Butze* und Kellereingang verbarg. In den Keller ging sie nie, da sie nicht verschüttet werden wollte. Als die Augen wieder einigermaßen Funktion hatten, sah sie durch das zersplitterte Fenster der sogenannten Butze eine Kette von Silber-Maschinen in Richtung der Gehörlosen-Schule abfliegen.

Verschlag

Jetzt kamen ihr doch Bedenken. Sie suchte sich einen Weg über die Trümmerstücke, die die Spiegelstraße bedeckten, sah den Volltreffer, der in die Eisdiele, Eckhaus Spiegelstraße, eingeschlagen war, kam Ecke Harmoniestraße an, gruppierte sich zu einigen Männern des ⌜NSKK⌝, die mit Sturzhelmen, ohne Fahrzeuge, in Richtung des Rauches und des Brandes blickten. Sie macht sich den Vorwurf, das Capitol im Stich gelassen zu haben. Sie wollte zurückeilen, wurde von Männern daran gehindert, da mit dem Einsturz der Häuserfronten in der Spiegelstraße gerechnet wurde. Die Häuser brannten »wie Fackeln«. Sie suchte nach einem besseren Ausdruck für das, was sie so genau sah.

Spätnachmittag hatte sie sich zur Hauptmann-Loeper-Straße (sie sagt nach wie vor Kaiserstraße)/Ecke Spiegelstraße vorgearbeitet, ein Platz, durch fünf aufeinanderstoßende Straßen gebildet; sie stand neben dem Betonpfeiler, der Stunden zuvor eine Normal-Uhr getragen hatte, und sah schräg hinüber auf das nunmehr niedergebrannte Capitol.

Noch immer war Familie Lenz nicht benachrichtigt, die sich zur Zeit in Marienbad* aufhielt. Die Theaterleiterin konnte jedoch unmöglich ein Telefon erreichen. Sie umging das Trümmergrundstück des ehemaligen Kinos und drang vom Hof des Nachbargrundstücks zum Keller-Notausgang vor. Sie hatte Soldaten aufgegriffen, die ihr mit Hakken beim Eindringen halfen. Im Kellergang lagen etwa 6 Besucher der Matinee, die Heizungsrohre der Zentralheizung waren durch Sprengwirkung zerrissen und hatten die Toten mit einem Strahl Heizwasser übergossen. Frau

Böhm. Kurort; nach dt. Besetzung 1938 zum ›Reichsgau Sudetenland‹ gehörig

Schrader wollte wenigstens hier Ordnung schaffen, legte die gekochten und – entweder durch diesen Vorgang oder schon durch die Sprengwirkung – unzusammenhängenden Körperteile in die Waschkessel der Waschküche. Sie wollte an irgendeiner verantwortlichen Stelle Meldung erstatten, fand aber den Abend über niemand, der eine Meldung entgegennahm.

Sie ging, nun doch erschüttert, den langen Weg zur ⌜»Langen Höhle«⌝, wo sie im Umkreis der Familie Wilde, die während des Angriffs dorthin geflüchtet war, ein Wurstbrot kaute, dazu löffelten sie gemeinsam aus einem Einmachglas Birnen. Frau Schrader fühlte sich »zu nichts mehr nütze«.

[Katastropheneinsatz einer Kompanie Soldaten in der Plantage, von Anfang an zu spät] Die Kompanie, abzüglich der 6, die den Keller des Capitols gewählt hatten, hatte das Kino durch die Notausgänge verlassen und kam in Kolonne bis Blankenburger Bahn. Die Männer warfen sich dort während des Angriffs in die Gärten der Villen. Später erhielten sie Befehl, zur Rettungsstelle I im Gebäude des Lehrer-Proseminars* in der Plantage zu marschieren. Sie wurden dort eingewiesen zum Luftschutzunterstand Plantage, gegenüber den Backsteingebäuden der Kliniken. Dieser öffentliche Unterstand war durch 3 Volltreffer getroffen. Sie gruben also gegen 100 zum Teil übel zugerichtete Leichen, teils aus dem Erdreich, teils aus erkennbaren Vertiefungen, die den Unterstand gebildet hatten. Was dieser Arbeitsgang nach ausgraben und sortieren weiter nützen sollte, war schleierhaft. Wohin sollte das gebracht werden? Waren Transportmittel vielleicht vorhanden?

Ort, an dem Lehrer ausgebildet werden

Neben dem Schutz-Unterstand befand sich, in Schrägstellung, noch das Schild: »Beschädigung oder Mißbrauch dieses öffentlichen Luftschutz-Unterstandes wird polizeilich verfolgt – Der Oberbürgermeister als Ortspolizeibehörde Mertens.«

In einigen Metern Entfernung vom ehemaligen Unterstand waren die beim Ausheben der Gräben angefallenen Rasenabschnitte für die Zeit nach dem Kriege aufeinander gelagert. Diese Stapel, jeweils 2 Handbreit Erde und zunächst gestorbenes Gras, waren in Ordnung. Das Gras war jedoch nicht absolut tot, sondern fristete seit 1939 eine Art dürftiges Grasleben und sollte nach damaliger Überzeugung der Gartenbau-Verwaltung *in der Zeit nach dem Krieg* wieder die Außenhaut des Parks vervollständigen. Es handelte sich um hundertjährigen wertvollen Rasen, sogenannte Grasnarbe. Für diese Wiedererweckung war jetzt, da die Stadtverwaltung andere Sorgen als die Wiederanlage der Plantage hatte, die organisatorische Grundlage entfallen. Die ordentlich geschichteten Haufen sahen aus wie Särge. Sie paßten insofern äußerlich zu der Sammlung der Toten, die die Soldaten auf der verbliebenen Wiese aufbereitet hatten, zwischen umgestürzten Bäumen, auf denen noch im 18. Jahrhundert, als sie angelegt wurden, ⌜Seidenraupen⌝ beheimatet waren. Es handelte sich um einen vertrackten *Anschein*, denn natürlich waren die aufeinandergepackten Grasboden-Reste als Särge überhaupt nicht brauchbar.

[Der unbekannte Fotograf] Der Mann wurde in der Nähe des Bismarck-Turms/Spiegelsberge von einer Militärstreife gestellt. Er hielt den Fotoapparat noch in der Hand, in seinen Jackentaschen fanden sich belichtete Filme, Rohfilm*, Fotozubehör. In der Nähe des Tatorts, d. h. in der Nähe der Stelle, von der er zuletzt fotografierte, befinden sich die ⌜Eingänge zu unterirdischen Anlagen⌝, die in den Fels gesprengt sind und in denen Rüstungsproduktion untergebracht ist.

Unbelichtetes Filmmaterial

Der Führer der Militärstreife beabsichtigte, den Unbe-

Foto des unbekannten Fotografen Nr. 1: Fischmarkt, Blick auf Breiter Weg, links Café Westkamp.

kannten oder Spion im ersten Angriff zu überführen, und fragte ihn deshalb: Was haben Sie da fotografiert?
Der Unbekannte behauptete, er habe aus dieser Ferne die brennende Stadt, seine Heimatstadt, in ihrem Unglück festhalten wollen. Er behauptete, Inhaber eines Fotogeschäfts am Breiten Weg zu sein, habe von allem Besitz als Fotograf nur Fotoapparat und Filme an sich gerafft und sei über Fischmarkt, Martiniplan, Westendorf, dann über Mahndorf in Richtung Spiegelsberge vorgedrungen. Der Streifenführer macht ihn sogleich darauf aufmerksam, daß dies den Tatbestand des Eindringens in den militärischen Sperrbereich der Höhlen beinhalte. Daß Sie vom Breiten Weg kommen, ist ganz unglaubwürdig, hielt er dem Täter vor, weil von dort überhaupt niemand aus der Stadt herausgekommen sein kann. Der Streifenführer, angesichts der hochrangigen Ereignisse dieses Tages an eine verhältnismäßig langweilige Waldstelle gebannt, konnte nicht hof-

Nr. 2: Martiniplan, links Südpfeiler der Martinikirche. Im Hintergrund das Lokal »Saure Schnauze«.

fen, an diesem Tag einen besseren Fang als diesen zu machen.

Sobald die Soldaten, den Gefangenen von Süden die Moltkestraße herunter vor sich hertreibend, zum Kommandantur*-Gebäude durchzudringen versuchten, sahen sie, daß diese »Kommandantur«, in 50 Meter Entfernung durch die Rauchschleier, ein Berg aus Backstein, Eisenteilen usf. war. Im Ausweichquartier fühlten sich die Offiziere durch die Vorführung des Fotografen in ihren Verrichtungen gestört. Sie nahmen den Apparat an sich. Die belichteten Filme wurden einem Dienstfahrzeug mitgegeben.

Dienststelle

Je nachdem, ob ein Beweis vorlag, mußte der Mann in Magdeburg erschossen werden. Was soll jetzt noch im April Spionage im Berggelände? fragte Oberleutnant von Humboldt. Es war aber denkbar, daß der Feind mit sehr kleinen Flugzeugen die verborgenen Höhleneingänge der unterirdischen Rüstungswerke suchte.

Nr. 3: Eingang Schmiedestraße.

Die Soldaten, die im Besitz eines handschriftlichen Zettels, auf dem die Verhaftung bescheinigt war, den Gefangenen durch die Richard-Wagner-Straße führten, hofften, daß in Wehrstedt tatsächlich irgendein Transport nach Magdeburg organisiert wäre oder daß noch ein Personenzug vor dem jetzigen Bahngelände hielt, der nach Magdeburg führe, sie hätten sonst nicht gewußt, was sie mit dem Mann anfangen sollten. Ob die Wachsoldaten den Unbekannten auf dessen Vorstellungen hin, auch von einigen Zweifeln bewegt hinsichtlich des Sinns ihres Tuns, in einer so ver-

Nr. 4: Fliehende, Westendorf, stadtauswärts.

heerenden Umgebung freiließen oder ob wegen der Explosion eines Blindgängers* in der Nähe Heineplatz die Wachsoldaten einen Moment abgelenkt waren, so daß er entfloh, weiß man nicht.

Munition, die nach Abwurf o. Abschuss nicht (vollständig) explodiert ist

[**Friedhofsgärtner Bischoff**] Bischoff zieht pferdbespannt auf seinem Tafelwagen* 4 Särge durch die Gröperstraße. Die Ausbeute des frühen Morgens: Harsleben (Altbauer,

Wagen mit offener, tafelförmiger Ladefläche, ohne feste Seitenwände

Nr. 5: Gegenüber Hauptpost.

1 Fl. Johannisbeer, 4 Eier), 1 Leiche aus Mahndorf (Inspektor, 1 Fl. Eierlikör, in Lappen verpackt, 2 Bratwürste), 2 Leichen aus dem Eiskeller des Kreiskrankenhauses, Frischoperierte. Die Friedhofsgärtnerei muß die Fuhren selber machen, da das Bestattungsunternehmen »Pietät« keine Fahrzeuge hat.

Wegen Vollalarms dürfte sich Bischoff schon längst nicht mehr auf der Straße aufhalten, müßte die Fuhre anhalten, eines der wackeligen Fachwerkhäuser betreten, den Keller aufsuchen. Lieber verschnellert er das Tempo, gibt den Kutschpferden Peitschenschläge zu hören, neben die Ohren. Jetzt sieht er schräg rückwärts die Staffeln des Bomberverbandes von Osten her. Die Leichen dürfen nicht umgeworfen werden vom Luftdruck. Bischoff fühlt sich wegen der Beigaben und Geschenke in 2 Fällen verpflichtet. Er kann nicht das Fahrzeug anhalten, die Pferde irgendwie anbinden und noch in irgendeinen Kellereingang rennen. »Sáne schänen fâre sind'n tir verjenejen.«[1]

1 = »Solche schönen Pferde sind ein teures Vergnügen.«

Nr. 6: Letzter Standpunkt des Fotografen.

Bischoff jagt die Alt-Gräber-Straße hinauf zu den neuen Anlagen. Dort hebt er die Särge vom Wagen und stellt sie aufeinander. Danach steigt er in eine der offenen Gruben, so daß er nur ein Stück Himmel über sich sieht, Bläue, welche die Augen schmerzt.

> »Macht alle alten Jahre neu,
> macht alle Zeiten satt.«[2]

Von den Erschütterungen in der Mittel- und Unterstadt rieselt Erdkruste von der Aufschüttung herunter. Bischoff ist schläfrig, schon früh losgefahren. Immer noch keine Maschinen in seinem Blickausschnitt nach oben. Weil ohnehin Überstunden auf ihn zukommen, kuschelt er sich, die Dreckjacke, die er trägt, hat er auf dem Boden ausgebreitet, und macht ein Schläfchen. Damit er Vorrat hat.

2 Er sagt das auf platt.

[Die Turmbeobachterinnen, Frau Arnold und Frau Zacke]

Auf dem Turmumgang des Glockenturms der Martinikirche sind Frau Arnold und Frau Zacke, luftschutzdienstverpflichtet, als Turmbeobachterinnen aufgestellt. Sie haben sich auf Klappstühlen hier eingerichtet, Taschenlampen, die tagsüber nicht gebraucht werden, Thermosflasche mit Bier, Brotpakete, Ferngläser, Sprechfunkgeräte. Sie sind bei ÖLW (Öffentliche Luftwarnung) hierher aufgestiegen, sind noch mit dem Rundblick durch die Ferngläser beschäftigt, da sehen sie von Süden her zwei in die Höhe gestaffelte Formationen. Sie geben durch: Etwa 3 000 m Höhe, Richtung Quedlinburger Straße/Heineplatz[3], ⌜B-17-Fernbomber⌝. ⌜Rauchzeichen⌝ über der Südstadt. Frau Arnold ergänzt, ruft in das von Frau Zacke gehaltene Funkgerät hinein: »Die quacken* Bomben!« Zwölfmal Reihenwurf beiderseits der Blankenburger Bahn. Frau Arnold: Es laufen noch Massen mit Sack und Pack in Richtung Spiegelsberge. Frau Zacke: Nicht alle Maschinen haben geworfen.

schmeißen

Damit ist der Redestrom der Turmbeobachterinnen zunächst zu Ende. Beide Frauen zählen. Sie haben die Ferngläser abgesetzt. »Achtunddreißig« – es ist nicht klar, ob Maschinen oder Bombenwürfe. Frau Arnold meldet: Stein- und Hardenbergstraße, Kühlinger Straße, Heineplatz, Richard-Wagner-Straße.

Der erste Pulk* hat Wehrstedt erreicht und zieht Schleifen, wartet auf die Hauptmasse. Über Gegensprechanlage wird von der Zentrale zurückgefragt: Was 38? Frau Zacke antwortet für Turmbeobachterin Arnold, die das Gerät hält: Einmal 38 und dahinter 96 Maschinen. Versammlung über Wehrstedt.

Hier: Verband v. Kampfflugzeugen

3 Benannt nach dem Würstchenfabrik-Besitzer Heine, dessen Fabrik 1,2 km von diesem Platz entfernt das Stadtbild nach Südosten abschließt.

Turmbeobachterinnen werden über Gegensprechanlage informiert, daß über Nordhausen im Abstand von 10 Flugminuten weitere Bomberwellen folgen. Frau Zacke antwortet: Es sind genug da! Sie sieht, daß die Flugzeuge aus der Schleife heraus aus Richtung Wehrstedter Brücke/Hindenburgstraße direkt auf sie zufliegen, meldet aber nicht sogleich, weil sie zählt, den Eindruck verarbeitet. Schräg dazu fliegen, aus Richtung Oschersleben, kleinere, schnellere Maschinen, werfen Rauchzeichen über Breitem Tor, Schützenstraße bis Fischmarkt. Eine der zweimotorigen Maschinen taucht aus etwa 1 000 m Höhe im Sturz auf 300 m hinunter, setzt Rauchzeichen über Gröperstraße (also weit abseits nach Norden). Frau Arnold ruft erregt in das Funkgerät: »Eine dicke gelbe Flatsche* von Gelb.« Rauchzeichen schwarz über Fischmarkt usw., Gelb über ⌜Unterstadt⌝.

Hier: Brocken, Klumpen

Die Maschinen flogen jetzt über die Beobachterinnen hinweg. Auf einer Strecke von etwa einem Kilometer, das Pfeifen der Reihenwürfe. Frau Zacke brüllt in das Sprechgerät: Einschläge Breites Tor! ⌜Stäbchenbomben⌝ in Massen! Die Turmbeobachterinnen stellen ihre Meldungen ein, Klappstühle, Vorräte sind durcheinandergefallen. Frau Zacke weist Frau Arnold auf »Sturmwinde« hin (Druckwellen der Explosionen). Die Frauen müssen sich besser festhalten.

Flüchten hatte keinen Sinn. Die Frauen zwingen sich, in der Hocke, beide Hände am Gesims, weiterhin zu den Maschinen hinzusehen, die als zweiter Pulk anfliegen, etwa 2 000 m Höhe. »Kulk, Breiter Weg, Woort*, Schuhstraße, Paulsplan.« Sie flüstern schulmäßig die Angaben, wie sie ausgebildet sind, leiten sie aber nicht mehr weiter. Sie haben den Eindruck, »daß der Turm sich bewegt«. Frau Zacke sieht in Richtung Domplatz, d. h. nordwestlich. Dort krachen Bomben in die Häuser Burggang. Frau Zacke sagt: »Die grasen die Stadt ab.« Die Frauen legen

Straße bzw. Platz in Halberstadt

sich jetzt lieber flach hin. Frau Arnold hat den Kopf dicht neben dem Gerät. Was soll sie hineinsagen? Daß sie momentan keine Ausweichmöglichkeit sieht? Obwohl sie gerne von hier ausweichen würde? Den Treffer ins Rathaus sieht sie.

Militär. Befehlshaber, der für Flugabwehrkanonen verantwortlich ist

In Nordhausen in Thüringen hergestellte Spirituose, ein Kornbrand

Frau Zacke greift sich das Sprechgerät und brüllt mit Eifer etwas hinein. Es ist ihr von einem sympathischen Flakoffizier*, der eine Flasche Nordhäuser* spendiert hat, gesagt worden: sie soll auf nichts achten, sondern melden. Solange sie hier hockt oder liegt, hat sie deshalb den festen Willen, in das Gerät »hineinzuheulen«. Die Turmbeobachterinnen haben die Bezeichnung »Hyänen«, weil sie »in der Verzweiflung heulen«, ein »Witz« des Ausbilders. Unter den Frauen ist die Holzverschalung des Turms innen in Brand geraten, auch Teile der Turmhaube. Flammen »klakkern«* vom Turm auf die Häuser seitlich des Martiniplans. Es brennen: Café Deesen, Krebsschere, »Saure Schnauze« usf.

treffen mehrmals nacheinander mit einem kurzen, harten Ton auf

Frau Zacke will nicht auf dem steinernen Gesims des Turmumgangs »abbrennen«, sie pufft die Turmbeobachterin Arnold in die Seite, reißt Klappstuhl, Fernglas, Funksprechgerät an sich und rennt in den Turm hinein, die Holztreppe nach unten. Hinter ihr trappelt Frau Arnold. Ein starker Luftzug oder Sturm drückt die Frauen an das Geländer. Unterwegs ruft Frau Zacke ins Gerät: »Kirche brennt. Sind unterwegs.« Der Unterbau der Treppe rutscht unter ihren laufenden Füßen nach unten durch eine Flammensäule hindurch und kracht auf den Turmfundamenten auf. Frau Arnold, die unter brennenden Balken liegt, rührt sich nicht, antwortet nicht auf Rufe von Frau Zacke, deren Oberschenkel gebrochen ist. Sie liegt unterhalb des Brandes in der Nähe der kleinen Tür zum Kirchenschiff, zu der sie »hinrobbt«, indem sie den Unterkörper samt Schmerzen nachschleift (»treckt«*). Sie zieht sich an einer Steinstrebe in die Höhe der Tür, so daß Arme und Kopf den

zieht

unteren Teil der verschlossenen Tür erreichen. Sie ruft um Hilfe, pocht mit einer Hand an die Türbohle. Einige Zeit bewußtlos, danach sammelt sie sich, pocht.

Es gehen Stunden hin. Frau Arnold, von dieser Position der Frau Zacke nicht mehr zu sehen, hört nicht, gibt kein Zeichen. Der Innenausbau des Turms brennt Station für Station herunter. Auf dem Schutt aus Steinen und verbranntem Holz, der sich auf Frau Arnold gesetzt hat, steht die Glocke, die aus ihrem Gehänge oben auf das Fundament des Turms herabgerutscht ist. Frau Zacke fühlt sich von dem glühenden Holzberg und der Glocke im Rücken »bebraten«.

⌜»Essels un Apen,
das gluowet und hofft,
werd Bedde vorkofft!
Muot up en Struohsack slapen.«⌝

Frau Zacke hat keinen Strohsack, sondern hält sich aufgerichtet auf einem Bein, das ihr einschläft, gestützt außerdem mit einem Arm an einem Steinvorsprung. Der nach außen gedrehte, gebrochene Oberschenkel »zieht nach unten«, und das ist »eine Quälerei«. Sie kann natürlich was erzählen, falls sie noch gerettet wird.
Warum holt niemand sie (und die tote Frau Arnold, wenn ja niemand weiß, ob sie nicht noch lebt) aus dieser Lage, nachdem die Luftschutzorganisation sie hier aufgestellt hat? Frau Zacke hat Angriffsbeobachtungen durchgeführt am 11. Januar 44, 22. Februar 44, 30. Mai 44, dann hat sie allerdings 14. Februar 45 und 19. Februar 45 (⌜Junkerswerke⌝) versäumt, weil die andere Hyäne Dienst hatte.
Sie findet eine Stange, ausgeglühtes Eisen, es muß spät in der Nacht sein, und stößt damit gegen die Tür. In das Kirchenschiff haben sich Flüchtlinge aus den Häusern Marti-

niplan gerettet. Sie haben in Seitenkapellen den Einsturz des brennenden Kirchendaches überlebt, öffnen jetzt für Frau Zacke, die unterhalb der Tür hängt, ziehen sie in das Kirchenschiff. Danke sehr, sagt sie.

[Die Hochzeit im Roß] Ich war heute früh um 6 Uhr hier und habe geguckt. Wollte euch nicht hierherlaufen lassen, und nichts ist vorbereitet. Blumen und alles. Das sagte die Brautmutter, als sie vom Dom her ankamen und das geschmückte Notfrühstück sahen: die Batterie* Harzbräu-Bier, 4 Flaschen Mosel, das, was das Hotel aus seinen Beständen aufgebaut hatte; Schinken, Butter, 2 Topfkuchen waren von der Brautseite hinzugefügt.

Hier: große Anzahl von …

Um 11.20 Uhr dann Vollalarm. Die dienstverpflichtete Kellnerin sagte: Sie müssen unbedingt in den Keller. Das wußten die Hochzeitsgäste selber. Sie quasselten sich durch die Tür, den Flur entlang, die beige gestrichene Kellertreppe hinunter: Braut (aus der Unterstadt), zur Zeit bei Junkers dienstverpflichtet, Bräutigam (ein Schwerbeton-Ingenieur), Brautmutter, Gegen-Mutter, 4 Schwestern der Brautmutter, eine Schwester der Braut, deren Bruder, der aber nur bis zur Kellertür begleitete, da er als Luftschutzwart verpflichtet war, mußte also wieder raus, 4 Kinder aus dem Clan der Braut, die Blumen gestreut haben. Zwölf Minuten später sind alle verschüttet.

Ich hoffe, daß sie sofort erstickt sind, sagte der Bruder der Braut, der am folgenden Tag im Trümmerberg herumsuchte.

Die Hochzeitsgesellschaft hatte nach der Zeremonie im Dom, die länger dauerte, weil noch 2 Paare vor ihnen waren, etwa 40 Minuten im Roß Zeit gehabt. Der Bruder der Braut hatte ein Koffergrammophon mitgebracht und das »Lieblingslied« der Braut abgespielt.

»Träum mein kleines Baby,
du wirst eine Lady,
und ich werd ein reicher Kavalier.«

Danach wies die Mutter der Braut auf den gedeckten Tisch, teilte Teller aus. Und wer nicht will, sagte sie, der hat schon. Und wer nicht hat, erwiderte die Gegen-Mutter, der kriegt noch. Die Trauzeugen legten ihre leeren Teller vor.

Das soll Lissy bleibenlassen! sagte die Mutter. Und wenn ich von Edeltraud keine Nachricht habe, trage ich das mit Würde. Die Gegen-Mutter unterstützt sie: Da gehst du nicht hin. Du gehst Edeltraud keinen Schritt entgegen, und die Wohnung, fuhr die Brautmutter fort, putze ich keinmal. Auch die Fenster nicht. Richtig so, sagte die Gegen-Mutter.

Was liest du da, fragte Gerda, eine der Schwestern der Brautmutter, die Lehrerin war, das achtjährige Blumenstreu-Kind, den Jungen von Hanna. Ach, du liest im Opernführer? Das ist gut so. Das Kind liest immer. Was liest es denn? rief die Gegen-Mutter. Im Opernführer! Das Kind las schon in der Kirche und jetzt seit einigen Minuten die Inhaltsangabe einer Oper nach der anderen.

Die Kränze habe ich weggeräumt. Schwester Hanna spricht damit eine Gefahr an, die die Stimmung des Tages töten konnte. In der Familie der Braut liegt ein Todesfall erst zwei Wochen zurück. Die Kränze weg, sagt deshalb Hanna, und Petunien* hin. Damit es zu diesem Tage besser paßt. Ich habe das beschleunigt. Kies dürfen wir nicht hinmachen. Aber im September wird noch mal aufgehügelt. Dann ist das auch weg. Es ist ja schon einige Tage Abstand. Sie will der Stimmung aufhelfen und sagt deshalb Prost. Die schönen Brautgeschenke, sagt Gerda.

Nachtschattengewächse

Man wollte bis 13 Uhr hier fertig sein, danach Mittag essen in der Wohnung Gröperstraße, Kaffeetafel bei der Großtante der Braut, die nicht gehfähig ist, abends sind Tische im Lokal Saure Schnauze bestellt. Der Bräutigam

Stadt in Sachsen-Anhalt, links der Elbe

eingeteilt, verplant

ist für den folgenden Tag, Montag, nach Barby*/Elbe disponiert*.

Die Brautleute reden kaum miteinander. Es herrscht Befangenheit. Vor Ablauf einer Stunde soll sich das ändern, daran werken Brautmutter und Gegen-Mutter. Es besteht nämlich eine wirkliche Gefahr: Bräutigam ist hervorgegangen aus einer besitzenden Familie in Köln. Die Halberstädterin, seine Braut, dagegen kommt aus der Unterstadt, Familie ohne Vermögen. Das *Du* rutscht noch nicht so recht zwischen den gegnerischen Familienverbänden (außer zwischen den Brautleuten, die die Sache angezettelt hatten, jetzt aber schwiegen). Man hoffte in der Braut-Familie auf einen krisenfreien Tag bis zur Ablieferung des Paares in deren Zimmer im Roß nachts 1 Uhr (oder Abtretung eines Schlafzimmers in der Wohnung Gröperstraße, dies war ja nun egal). Dann wäre auch diese Feier abgepfiffen. Zuvor schon das Abtrauern in kürzester Gangart. Der Familienteil fühlte sich überanstrengt. Wie gesagt, es entkam keiner.

[**Maulwürfe**] Dieser öffentliche Luftschutzraum faßt 120 Menschen. Es sind etwa 60 gekommen, die auf Gartenstühlen, Hockern, Pritschen, Bänken im Licht der Kellerglühbirnen sitzen oder auf ihrem Gepäck Platz genommen haben. Als das »schüttelnde Brummen« sich steigert, darauf Pfeifen der Abwürfe, rennen noch einige Personen durch die Schleusen herein, die von den Luftschutzwarten verriegelt werden. »Einschläge im Nahbereich«, sagt der Luftschutzleiter. Die Glühbirnen flackern, gehen aus. Wir rutschen von den Sitzen auf den Kellerfußboden, kommen über den Gliedern anderer zu liegen. Eine Menge der Insassen stürmt nach der ersten Einschlagserie in Richtung der Schleuse, will raus. Die Gruppe der Luftschutzwarte wirft sich ihnen entgegen. »Es ist verboten, den Luftschutzraum während des Angriffs zu verlassen.«

Jetzt erkundeten aber Männer und Frauen mit Stablampen

zu den Mauerdurchbrüchen hin. Keiner will in der Dunkelheit bleiben. Sie wollen sehen, was los ist. Sie kommen zurück, tuscheln. Die Schleuse läßt sich nicht öffnen. Gruppen werden eingeteilt. Zwei Verwundete, von denen ich später erfahre, daß sie zum Lazarett im »Domklub« gehörten, und die vom Sonntagsspaziergang in unseren öffentlichen Luftschutzkeller geflüchtet waren, drängelten sich zu den Warten und führten eine Gruppe von Frauen an, die mit Picken und Schaufeln den Mauerdurchbruch zum Nachbarkeller öffneten, hinter ihnen in Grüppchen von acht bis zehn Personen eine von den Luftschutzwarten organisierte Schlange unserer verschütteten Gemeinschaft. Wir erkundeten den Nachbarkeller, in dem vier Erstickte lagen. Ausgänge verschüttet. Unter Leitung der zwei Gefreiten* durchstoßen wir mit Pickel und Eisenstangen den Durchbruch zu Haus Nr. 64, das wissen wir nicht, sondern es wird zugeflüstert, aber wir sehen in diesem Keller schon den Schamott*, angeleuchtet von unseren Taschenlampen, die auf Daumendruck schnurren. Auch die Kellertreppe herunter Müll. Wir finden den Durchbruch zum Haus Nr. 66. In diesem Keller mußten wir suchen. Es war kein Durchbruch zu finden. Die Schlange hinter uns drängte. Einige von der Spitzengruppe konnten die Arme nicht mehr so wie zu Anfang bewegen, werden ersetzt. Ist ein Mann oder eine Frau mit starken Armen da hinten? Trude Willeke kam vor, übernahm die Picke. Wir rücken dann ein Gestell mit eingemachter Marmelade beiseite, die Gläser fallen, auch Spargel und Bohnen, und hinter diesem Matsch der Durchbruch. Wir kommen in einen ganz ordentlichen, gekalkten Keller, aber sowie wir die Kellertür aufgebrochen hatten nach oben – Gestein und Balken. Die Gefreiten sagten deshalb: Hier kommen wir nicht durch. Wir blieben also unterirdisch, sollten aber wenigstens das Gepäck, das einige mitschleppten, hier stehenlassen. Danach öffneten wir mit den Picken und Eisenstangen den

Militär. Dienstgrad unterhalb des Unteroffiziers

Feuerfester, zur Herstellung v. Schamottesteinen (= Ofenstein) verwendeter Ton

Durchbruch zum Gebäude »Schlegelbräu«. Hier sehen wir Staub- und Rauchwolken eindringen. Die Eisenläden zu den Kellerfenstern sind gesprengt, Dämmerlicht von außen. Hinter uns die geführte Schlange. In diesem Moment die (wie wir später erfahren) vierte und fünfte Angriffswelle. Wir legten uns eng an den Boden. In den Seitenräumen klirren die Flaschen. Kletterten dann am Heineplatz-Gebäude empor, hinter uns etwa 70 Menschen, wie ein Kinderhort geführt, über einen Schuttkegel von Häusergröße, und sahen die Quedlinburger Straße, von Brocken übersät, an dem Reservelazarett vorbei, Schlachthausmauer entlang. Wir ziehen gepäcklos durch den Wald und werden in der »Langen Höhle« abgegeben, d. h., Vertreter der ⌜SA⌝ und der ⌜NSV⌝, die die Aufsicht hier haben, übernehmen uns.
Was das im Keller des Hauses vor dem Schlegelbräu versteckte Gepäck angeht, so war es, als wir am folgenden Tag nachsahen, verschwunden. Das traf uns sehr. Wir fanden aber keine Stelle, an der wir Rache nehmen konnten.

[Butterhandlung Henze. Sobald die Gedanken wieder zusammen sind: Bergevorstöße] Im Keller unseres Hauses Hoher Weg 21 liegen sieben Tote, in unserer Gedankenlosigkeit kein Blick zurück, wir rennen über Brocken, Schutt, Müll usw. »wie über einen Steingarten, auf dem nichts wächst«, in Richtung Johannesbrunnen, weil wir uns sagen: ein großer Platz muß her mit breiten Wegen nach allen Seiten zum Flüchten. Hier sind schon andere Halberstädter versammelt, das ergibt Energie. Wir gehen in großer Umgehung zurück, Dominikanerstraße vor. Der untere Teil des Hohen Weges brennt. Wir versuchen es durch Lichtengraben. Es gelingt uns, noch mal in die Mitte des Fahrdamms Hoher Weg vorzudringen. In 40 m Entfernung sehen wir unser Haus Nr. 21. Wie erster Eindruck (ohne Blick), der die Flucht auslöste: durch Volltreffer zerstört.

Die Häuser brennen, Sturmwind, wir halten uns gegenseitig auf der Straßenmitte fest.

Wir müssen uns beeilen (denken wir seit ein bis zwei Stunden). Wir haben übersehen, daß auf der schmalen Passage, zwischen den brennenden Gebäuden ⸢Kolonialwarenhandlung⸣ Gebhardt und Ecke Lichtengraben in unserem Rücken ein Kanister liegt, aus dem grün-schwefelgelbe Phosphorflammen* spritzen. Wir springen in großen Sätzen über die Feuerstelle, kommen bei Butter- und Käsehandlung (Henze) an, deren Obergeschoß brennt. Die Besitzerin versucht, Bestände zu retten. Die Sachen stehen zum Teil im Laden und in den Hinterräumen Parterre*. Wir gliedern uns in die Kette ein. Schleppen Eier, Margarinekästen, Käse, Butter, Kunsthonigkästen auf die Straße. »Wir waten in Käse.« Zucker rieselt aus den Säcken heraus, knirscht zwischen den zertrampelten Käseschachteln. Wir müssen vor allem aus den Räumen heraus. »Die Hinterzimmer stürzen ein.« Eine Gardine brennt zum Hof hin, schlenkert in Richtung des Brandes. Die Besitzerin ruft: »Hier, nehmt euch, soviel ihr tragen könnt!« Wir tragen das Bergegut im Geschwindschritt. An der Schäfergasse große Gruppen von Ausgebombten. Hier ist ein Feuerwehrtrupp am Ausladen: Spritzgerät, Rohre. Hinter der Linie der Feuerwehr richten wir ein Nest für das Bergegut ein: eine große Decke, die die Trottoirstelle* als unser neues Grundstück kenntlich macht, zwei Mann Bewachung daneben (Frieda, Gisela), wir eilen zur Stadt zurück, nehmen eine liegengelassene ⸢Steppdecke⸣ an uns, eine Kiste (Christbaumschmuck), eine Briefmarkensammlung, auf einem Handwagen zuoberst, sowie Stablampe. Ich sage Willi, er soll die Sammlung unauffällig runternehmen.

Backsteingebäude Halberstädter Tageblatt, Lichtengraben, ich will Anzeige wegen Wohnungssuche für die nächsten Tage aufgeben, evtl. Gartenhäuschen, Stadtrand. Nehmen wir nicht an. Wir erscheinen nicht, sagt einer der

Mit dem leicht entzündlichen Phosphor wurden die Brandbomben befüllt.

(franz.) Erdgeschoss eines Hauses

Trottoir: (franz.) Bürgersteig

Schriftleiter. Ich nehme Bleistifte und Tinte an mich, trage es zum übrigen Bergegut in der Schäfergasse. Ich stelle dort zwei Kinder hin, schicke Gisela, Frieda nach Klein Quenstedt, sollen sagen, wir haben alles verloren und ob sie nicht einen Schinken abgeben können. Kommen tatsächlich mit drei Würsten zurück und einem Wintermantel. Unsere Sammelstelle mit Bergegut verschiedener Klasse umfaßt nunmehr 12 qm. Das stört hier, sagt einer von der Partei*, der hier nachsieht. Verteilen Sie das weiter hinten, in der Vogtei. Wir müssen es aber gerade nicht verteilen, sondern zusammenhalten. Hier müssen Schläuche durchverlegt werden, sagt der Uniformierte. Die Feuerwehrleute verlegen rücksichtslos über unseren Besitz eine Schlauchlinie. Wir sind voller Gemeinsinn. Die Kinder wollen am Löschen beteiligt werden, werden zurückgescheucht. Jetzt müssen wir an die Nacht denken, wie wir irgendwie in der Nähe unserer Waren überwintern.

Gemeint ist die Nationalsozialistische Deutsche Arbeiterpartei (NSDAP).

[In der Schriftleitung] Soll man nun eine Zeitung herausbringen oder löschen gehen? Mit was löschen? Sie stapeln die Papiervorräte im Keller. Einer sagt: Besser wäre, an einer Stelle verbrennen, wo wir das Feuer in Zaum halten können. Das Steinhaus hier retten wir, falls wir alles Brennbare beiseite schaffen. Die ⌜Druckstöcke⌝ überdecken wir mit feuchten Tüchern. Also runter mit den Gardinen.

Es sind einige Eimer Wasser da. Einer der ⌜Setzer⌝ sagt: Wenn alle noch mal pinkeln, haben wir mehr, wir wollen »Passanten« reinrufen, die in einen Eimer abgemolken werden.

Die Katastrophe läuft jetzt seit 11.32 Uhr, d. h. seit fast anderthalb Stunden, aber die Uhrzeit, die gleichmäßig wie vor dem Angriff vorbeischnurrt, und die sinnliche Verarbeitung der Zeit laufen auseinander. Mit den Hirnen von morgen könnten sie in diesen Viertelstunden praktikable* Notmaßnahmen ersinnen. Zwei Schriftleiter werden zum

geeignete, brauchbare

Torteich geschickt, sollen in einem großen Bottich Wasser heranschleppen, um die Tücher für die Maschinen anzufeuchten. Man muß auch das hölzerne Treppenhaus feucht zudecken. Der Putzspiritus, die ölhaltige Druckerschwärze müssen weg, vielleicht in eine unzugängliche Kellerecke? Was machen wir aber mit den Kohlenvorräten dort? Schippen wir sie in den Nachbarhof? Besser vergraben. Es ist ein kurzes Stück Rasen neben Birnbaum und Mauer, das für Graben in Frage kommt. Man könnte auch die Kellerecke zum Kohlenkeller durch Schutt und Steine verrammeln. Vor allem aber geht es um die Papiervorräte.

Die Setzer entzünden im Hof kontrollierte Feuerstellen, in denen sie den an sich wertvollen Papierbesitz vernichten. Inzwischen stehen unter dem Dach Männer und Frauen des Redaktionsstabs mit Feuerpatschen und Sandschippen, die die Funken, die in das Gebälk wehen, ausklatschen oder mit Sand bestreuen. Aus dem wertvollen Wasser wird Kaffee gekocht. Eimer und Kanister, aus denen Druckerschwärze entleert ist, werden zum Hallenbad getragen.

[Domgang 9] In den Fenstern stand, umgekippt, unmittelbar nach dem Angriff, eine Auswahl von Zinnsoldaten, die übrigen in Schachteln verpackt in Schränken, insgesamt 12 400 Mann, das ⌜Neysche III. Korps⌝, wie es im russischen Winter in Richtung der östlichen Nachzügler der ⌜Großen Armee⌝ verzweiflungsvoll vorrückt. Das wurde im Advent jährlich einmal aufgestellt. Nur Herr Gramert selbst konnte die Masse in der richtigen Reihenfolge stellen. Er ist in panikartiger Flucht, weg von diesem Liebsten, in der Krebsschere von einem brennenden Balken am Kopf getroffen worden, kann keinen Willen mehr bilden. Die Wohnung Domgang 9, mit allen Zeichen von Gramerts persönlichem Stil, liegt noch 2 Stunden ruhig und intakt, allenfalls daß sie sich im Laufe des Nachmittags immer mehr erhitzt. Gegen 17 Uhr ist sie, wie auch die Zinnfiguren in ihren Schachteln, die zu Klumpen verschmelzen, ausgebrannt.

[Zum Harder] In dieser Kneipe, am Weinmarkt, lecken die Flammen um 14 Uhr an dem über der Theke angebrachten Schild: »Einem verzagten Arsch vermag kein fröhlicher Furz zu entfahren.« Die durcheinandergefallenen Biergläser zerspringen. Wenig später fällt die Schuttmasse des ganzen Hauses auf den ausgeglühten Bierausschank.

II

[Strategie von unten] Die Evakuierte aus der Gegend von Gelsenkirchen, ⌜Volksschullehrerin⌝, jetzt als Munitionsarbeiterin dienstverpflichtet, Gerda Baethe, mit ihren drei Kindern, neun, sieben und fünf Jahre alt, bewohnt das Gartenhaus des Grundstücks Breiter Weg Nr. 55/57, das nicht unterkellert ist. Um 11.32 Uhr, sie hat die Vollalarm-Sirene gehört, Bombeneinschläge in der Ferne, war sie gerade mit dem Anziehen der Kinder fertig, da schlagen Sprengbomben in den Luftschutzkeller des Hauses Nr. 9 (Druckerei Koch), ins Haus Nr. 26, in das gegenüberliegende Haus Nr. 69.[4]

Die Eingangstür zum Gartenhäuschen bricht, ein Schwall Staub und Rauch. »Die Detonationen waren von einem

4 In diesen Kellern ersticken 18 Schutzsuchende. Das weiß Gerda Baethe nicht.

äußerst lauten, schrillen und unangenehmen Geräusch begleitet.« Unmittelbar zuvor ein tiefes Rauschen und hohes Pfeifen, dazu an- und abschwellendes Brummen, dem Gerda allenfalls 15 bis 20 m Höhe zumaß. Das war, alles zusammen, »Nähe«, unterschritt den Schutzkreis, den sie um sich und ihr Eigentum zog. Sie fiel zu Boden, zwei Kinder in *ihrer* Nähe, das dritte rannte herein, klappte zu Boden. Sie dachte: Die sind in der Nähe. Sie war ja, wie sie dalag, selber nicht getroffen. Die Kinder krochen bei ihr unter, drängten an ihre Schenkel, an ihren Hals, neben ihren Kopf, suchten sich breitere Körperflächen zu erdrängeln, der Fünfjährige, indem er seinen Kopf unter den Leib der Mutter schob. Es war also wenigstens so, daß Gerdas Truppe nicht in alle Winde auseinanderfetzte, sondern Hautberührung suchte.

Das war Sache von Sekunden. Das unregelmäßig schwellende Brummen verstärkte sich erneut. Die Sprengkörper schlugen in die Keller des festen Hauses Nr. 21 (⌜EPA-Kaufhaus⌝). Sie »fühlte« das als Einschlag »in 5 m Entfernung«. Das Gartenhäuschen wurde von der Luftdruckwelle erschüttert, die nächsten Einschläge, Serien: Woort, Kulkplatz, Paulsplan, Franzosenkirche, Fischmarkt, Büttner-Kaufhaus, Gotisches Haus usw. Gerda registrierte das als »entfernt«. Sie konnte es ja auf keiner Lage-Karte eintragen oder sehen. Sie lag, auf und neben ihr »die Last« der Kinderleiber, am Fußboden, »horchte«. Die Kinder rührten sich nicht, schrien nicht. Sie stieß die mittlere an, die sofort zu wimmern anfing. Die Reaktion, jetzt weinten auch die beiden anderen, bestätigte ihr, daß die Kleinen noch agierten. Daß, von ihrer Familieninsel gesehen, sie noch nicht zu den Toten zählten.

Gerda raffte sich hoch, schob die Kinder vor sich her, während in einiger Höhe sich erneut das anschwellende tiefe Summen näherte, durch die Küche, in der an der Wand hängende Salz-, Pfeffer-, Zucker-, Gewürzkästchen herabgefallen waren und ihren Inhalt auf die Kachelfliesen verstreut hatten – der Ofen war auseinandergefallen, Rest des Feuers auf den Fliesen, laß nur, dachte sie, schob ihre Brut* die sechs Steintreppenstufen zur Geräteecke hinunter, dasjenige in diesem Häuschen, was noch am ehesten etwas Kellerartiges hatte. Es lag anderthalb Meter unter Straßenhöhe. Sie fühlte sich in ihrem »unausgestatteten Häuschen« als »Leichtbewaffnete«. Sie glaubte nicht, daß die Gefahr bestand, verschüttet zu werden. Sie hatte, wenn die Sprengkörper fielen, jeweils den Atem lange angehalten, weil sie gehört hatte, daß der Luftdruck der Sprengbomben die ⌜Lungenbläschen⌝ zerriß, also einen Staudruck in der Lunge herstellen, bis es vorüber war. Sie flüsterte jetzt mit dem Kleinen: Nicht atmen, bitte nicht atmen. Das Flüstern machte den Kleinen nervös. Die Älteste machte dicke Backen, atmete gleichwohl.

(zärtlich-abwertend) Nachkommenschaft

Es war keine Zeit. Leitsätze einer »Strategie von unten«, die Gerda in diesen Sekunden in ihrem Kopf zu versammeln suchte, konnten nicht übermittelt werden. Hier von ganz unten gesehen, zu den für Gerda nicht sichtbaren Planern in 3 000 m Höhe über der Stadt hinauf, oder auch ganz fern zu den Absprungbasen der Bomber hin, wo die höheren Planungsstäbe saßen. Die Dachgeschosse der Häuser am Breiten Weg brannten sofort. Nach einer Pause von etwa 10 Minuten, in der Gerda auf ein stabiles Rieselgeräusch horchte, das entweder mit dem Brennen selber oder aber mit »herabrauschenden Ziegeln« zu tun hatte: sie sah einmal durch das Loch, in dem noch einige zersplitterte Scheibenreste steckten, die Flammen im Vorderhaus, Trümmerbrocken auf dem Zwischenhof, den Blick zum Nachbarhof verdeckte eine hohe Mauer (das konnte Schutz bedeuten). Jetzt erneutes Heranschwellen der großen Flugzeuge. Sie begann die Bomber oben zu verwünschen. Aber wenn das den Erfolg hatte, daß einer davon herunterstürzte und sie mit ihrer Gartenhausbesatzung erschlug, dann wäre es besser, wenn sie das nicht tat. Vor allem ging es um den Jüngsten, weil es ihr Söhnchen war (während sie glaubte, die weniger wertvollen Mädchen später ersetzen zu können). Sie prüfte ernstlich, wen von den dreien sie mit Vordringlichkeit retten sollte, versuchte Vorteile daraus zu ziehen, daß sie sich selbst in die Aufzählung dieser Rangordnung einstufte: an verschiedenen Stellen, sie tastete ja nur erst. Vielleicht konnte sie etwas dazu tun, indem sie die nächste Staudruckwelle vor den Lungen eines der Kinder, welches, wollte sie noch wählen, abfing. Ein zusammenstürzendes Kleinsthaus konnte sie freilich nicht auffangen.

Das schien ihr *taktisch* wenigstens günstig, daß mit diesem Gartenhäuschen nicht allzuviel über ihr zusammenbräche. Ein Vorteil der Wohnungszuweisung. Sie kroch nun über die Kinder hin, die sich anklammerten. Gerade das machte ihr aber plötzlich angst, und sie erhob sich, um sie abzuschütteln, merkte, daß sie dabei atmete, und mahnte sich zur Vorsicht: diese Luft, deren Druck unter dem Einfluß der Einschläge schwankte, nicht »einnehmen«!

Sie zwang sich, strategisch, d. h. auf die Hauptpunkte bezogen, zu »denken«, das heißt: wohin fliehen, falls nochmals eine Chance durch Warten auf eine nächste Welle entstand – sie wollte dann über Fischmarkt, Martiniplan, Schmiedestraße, Westendorf rennen. Ein Handwagen im Hof, die Kleinen da rein und im Galopp zu den Feldern oder Dörfern.

Dieses Trostbild setzte sie sich vor Augen, mehr Wehrmittel hatte sie nicht, während die vierte und fünfte Welle die Mitte der Stadt: Schuhstraße, Hoher Weg, Lichtwerstraße usf. verwüstete. Dazu Rascheln und Klappern von Schutt, der von den Dächern herabkam, oder aber es war Brand. Es fing schon wieder in der gleichen Weise an wie vor 11 Minuten, daß das Schwellbrummen sich verstärkte. Sie versuchte, durch lautes Beten die Bomben in ihrem Kurs zu beeinflussen. Aber wenn sie sich nun verschätzte? Sie wollte auch nicht als gläubig oder abergläubisch gelten nach so vielen Jahren aufgeklärten Lehrerberufs. Draußen Stimmen von Bewohnern, die mitten im Angriff, um nicht in den Kellern zu verbrennen, vor die Türen traten und Fluchtwege erörterten.

Bleibt hier liegen, sagte Gerda zu den Kindern. Sie überquerte den Hof: kein Himmel, schwarzer Rauch, Dröhnen, das sich entfernte. Da war vorhin Sonne und Bläue gewesen.

> ⌜»Und schöne, weiße Wolken ziehn dahin,
> mir ist, als ob ich längst gestorben bin ...«⌝

Jetzt Qualmwolken. Sie gelangte über Trümmerblöcke, Handwagen, stand in umgekehrtem Zustand da, zur Toreinfahrt des Vorderhauses, wo eine Gruppe Männer, die Äxte trugen, Armbinde des Luftschutzes, eine Erörterung begannen. Sie stellte sich dazu, um einen Rat zu ergattern. Sie alle hatten so genug von diesem Geschehen, daß sie keine weiteren Bomberwellen erwarteten (auf diese harmlose Stadt!). Also benahmen sie sich, als käme jetzt nichts mehr. Es ist nichts zu retten, sagten sie. Alles muß nach Westen hin rausrennen. Sie rannten aber selber nicht, sondern blickten festgebannt aus der Toreinfahrt auf die einstürzende Fassade von Nr. 60, dahinter brannte ein kolossaler Speicher.

Gerda hatte genug erfahren. Von den tüchtigen Warten kam keine vertrauenswürdige Strategie. Sie überließ sie ihrem Schicksal, rannte zum Gartenhäuschen, nahm nicht an, daß es Zweck hätte, durch die Brände der Stadt zu flüchten, prüfte vielmehr sachlich den Abstand zu den Nachbarhäusern, zum Vorderhaus. Sie wählte eine im Hof liegende Latte, tauschte sie dann gegen eine Blechrinne, die sie sich zurechtbog. Damit konnte sie Flammen zerschlagen, wenn diese sich auf einen Abstand von weniger als zwei Meter näherten. Sie begann, in der Küche die Feuerreste des Ofens totzuschlagen. Die Kleinen blieben im Häuschen, und zwar in dessen Gerätesenke, verborgen. Hier standen noch Gerätschaften: eine Schaufel (nützlich), Besen (unnütz), Harken (unter Umständen nützlich). Mit der Schaufel schaufelte sie aus dem Vorrat der Beete am Rande der Mauer zum Nachbarhof Erdhaufen, die sie auf das Feuer werfen wollte, wenn es herankröche.

Die Blechrinne hatte sie bald wieder abgelegt. Jetzt waren keine Stimmen anderer Menschen im Umkreis mehr zu hören. Das Vorderhaus, alle Häuser des Breiten Weges brannten nieder. Sie wollte nicht ersticken. Es waren nicht die Flammen, sondern die Allgemeinhitze, die sie gefährdete. Es waren aber nach allen Richtungen wegen der Ärmlichkeit des ihr zugewiesenen Gartenplatzes – ein Streich, den die Besitzer des Grundstücks dem Wohnungsamt gespielt hatten, als sie behaupteten, dieses nicht mehr benutzte Gartenhaus sei eine Wohnung – 15 bis 20 m Abstand zur Brandfront. Sie hatte Betten, die Bewohner des Vorderhauses auf den Hof warfen, anderes brennbares Gerät über die Mauer auf den Nachbarhof geworfen. Jetzt bewegte sie sich nicht mehr in der Hitze, »wollte nicht innerlich verschmoren«.

Strategisch war vom ganzen Tag nur die Besitzlosigkeit an brennbaren Wertsachen. So hatte sie u. a. im Gartenhaus auch keine Gardinen mehr aufhängen können, weil sie keine bekam. Die Kinder hatten Durst, Hunger. Gerda sammelte in der Küche mit Salz und Pfeffer vermischten Zucker in einer Holzkelle, nicht einmal Bratbrote* konnte man backen. Es war keine Feuerstelle da. Feuer selbst war in der Nachbarschaft reichlich. Sie verfütterte eine Brotkante sowie je ein bis zwei Löffel Margarine und je vier Löffel verdorbenen Zucker.

* In der Pfanne v. beiden Seiten angeröstete Brotscheiben

Zusatz: Um eine strategische Perspektive zu eröffnen, wie sie sich Gerda Baethe am 8. April in ihrer Deckung wünschte, »stark angebraten«, insbesondere dann in den Nachtstunden, als die Hitze am schlimmsten wurde, hätten seit 1918* siebzigtausend entschlossene Lehrer, alle wie sie, in jedem der am Krieg beteiligten Länder, je zwanzig Jahre, hart unterrichten müssen; aber auch überregional: Druck auf Presse, Regierung; dann hätte der so gebildete Nachwuchs ⌜Zepter⌝ oder Zügel ergreifen können (aber Zepter und Zügel sind keine strategischen Waffen, es gab kcin Bild für die hier erforderliche Gewaltnahme). »Das alles ist eine Frage der Organisation.«

Ende des Ersten Weltkriegs

Zw. 1938 u. 1940 errichtetes Verteidigungssystem entlang der Westfront des Dt. Reichs

> Gerda hatte, als der Westwall gebaut wurde*, vierzehn herrliche Tage mit einem Herrn von der ⌜Organisation Todt⌝ in der Eifel verbracht. Dieser Herr fuhr ein Cabriolet. Das heißt, man konnte im offenen Wagen die kühlen Berge der Schnee-Eifel von ⌜Vulkantrichter⌝ zu Vulkantrichter, praktisch Bergseen, durcheilen. Von ihm hatte sie den Ausdruck: Alles bloß Organisation. ⌜Er zeigte ihr Pläne, auf denen Schiffe bergauf über die Alpen die Poebene erreichten.⌝ Das war Organisation als Kanalbau, ingenieursberechnet. Man kann es malen.

[**Strategie von oben**] Insofern schwor Gerda in den Augenblicken der Zeitnot, die sich allerdings von vormittags 11.32 Uhr über die schwierigen Nachtstunden vom 8. auf den 9. April bis zum Spätnachmittag des folgenden Tages hinzogen, insbesondere aber zwischen 3. und 4. Welle, in der sie 10 Minuten Frist hatte, daß sie den Ansatz für solche Organisation künftig legen wollte. Achthundert Jahre Strategie von unten würden dann achthundert vergangene Jahre Strategie von oben zunichte machen, nicht mit einer

Die Einfahrt in den ⌜Alpen-Sperrriegel⌝.

Blechrinne, nicht mit einer Schaufel und nicht durch bloßes Warten und Wünschen. Noch aber war nicht Vergangenheit, denn die Maschinen flogen zu diesem Zeitpunkt über Thekenberge, Spiegelsberge erneut heran (4. und 5. Welle), drehten über Wehrstedt Kreise, sahen zwar keine Rauchzeichen mehr in dem Wust und flogen deshalb pauschal auf die Rauchwolke Stadt zu, auf 2000 m niedergehend, »harkten« die Mittelstadt ab, ziemlich selbstsicher, da keine gegnerische Jagdabwehr oder Flakabwehr zu entdekken war. Sie konnten weder Genaues von der Stadt wahrnehmen, noch empfanden sie die im Moment vorsichtig gebremsten Wünsche der Baethe. Sie konnten nichts ahnen, die ⌜»holdseligen Englein, du«⌝.

Der Bomberpulk, etwa 200 Maschinen, denen im Abstand von zehn Flugminuten, d. h. jetzt über Nordhausen, weitere 115 Maschinen folgten, flog in etwa 7000 m Höhe von Südwesten auf die Stadt Halberstadt zu. Die Forma-

Schiffe fuhren die Hochgebirge hinauf über die Pässe und Gipfel nach Italien und zurück. Von der Nordsee zur Adria. Unten eine der Schleusen. Weiter oberhalb: Tunnels. Planschiffe von 1938.

Hier Aufmarsch, Machtdemonstration

tion, »wie zur Attacke geordnet«, hatte einen ⌜traditionell-kavalleristischen⌝ Anschein, war aber *berechnet*, nicht Parade*, sondern eine Position, in der die Maschinen, würden sie durch Jagdflugzeuge angegriffen, zum Feuerschutz zusammenrückten, würden sie durch Flak beschossen, auseinandergezogen werden könnten.

Die Pionierphase* solcher Angriffe mit viermotorigen Fernbombern B-17, jeder eine Werkstatt, aber der kompakte Verband als Fabrik, liegt 3–4 Jahre zurück. Die Komplettierung des Verfahrens hat Faktoren, die in der Pionierphase eine Rolle gespielt haben, wie Gottvertrauen, militärische Formenwelt, Strategie, Binnenwerbung gegenüber den Besatzungen, damit sie angriffswillig sind, Hinweise auf Eigentümlichkeiten des Ziels, Sinn des Angriffs usf. als irrational ausgegliedert.

Erprobungsphase

Diskussion 1976, Nähe Stockholm, ⌜OECD⌝-Tagung: ⌜*Post-Attack Farm Problems*⌝, gemeinsam mit ⌜Sipri-Yearbook⌝, Arbeitskreis VII, der auf einer Terrasse im Lichte des Altweibersommers* Platz genommen hat. ⌜»Evolutionärer Stellenwert«⌝ der Angriffsverfahren »in der Sommerphase des Jahres 1944«:

Sonniger, warmer Nachsommer, meist im September

1. Professionalisierung:

Es ist nicht der ⌜Einzelkämpfer von Valmy⌝, der bewaffnete Bürger (Proletarier, Lehrer, Kleinunternehmer), der diese Angriffe durchführt, sondern der geschulte Fachbeamte des Luftkriegs: analytische Begrifflichkeit, ⌜deduktive Strenge⌝, prinzipieller Begründungszwang in den Gefechtsberichten, Fachverstand usf. Problem des »inneren Auslands« der gelegentlichen persönlichen Wahrnehmung, z. B. Ordentlichkeit der Felder unten, Verwechselung von Häuserzeilen, Karrees*, geordneten Stadtvierteln mit heimatlichen Eindrücken, Reflexion über vermutete hochsommerliche Temperaturen unten, wenn Geräteanzeigen oben in den Maschinen doch hierzu keine Veranlassung geben …

Vierecke, Gevierte

Hier: Gesetzmäßigkeit

Strikte Befolgung v. Gesetzen

Auf das Ganze zielende Beschaffenheit eines Systems

2. Konventionalität*:
Die Besatzungen erleben es als »Tages-Geschichte ihrer Betriebe«.

3. Legalismus*:
Der Angriff unterstellt der Besatzung oder den Stäben außer einem generellen Gehorsam keine sittlichen Motive oder Sinnzwang, bestraft wird nicht böse Gesinnung, sondern normabweichende Handlung, z. B. vorzeitige Umkehr, lasches oder zerfasertes Ausklinken der Würfe. Legalismus insbesondere darin, daß nicht Ziele, die auf den Listen als unterrangig angegeben sind, vor höherrangigen Zielen angeflogen und bombardiert werden. *Gewissermaßen befindet sich eine Justiz im Anflug.*

4. Universalität*:
Anstelle dessen, was 1942 Thymos (Tapferkeit) oder Disziplin, also *persönliche* und damit, auf das System bezogen, *begrenzte* Eigenschaften sind, ist die Geltung *innerhalb des generalisierenden Gesamten* aller Kriegsverbände getreten. Nicht Kämpfer oder Kampfverbände konkurrieren, sondern die Ebenen der Kriegsschauplätze, der asiatische, die 8. US-Luftflotte, die vordringenden sowjetischen Verbände, die Panzerspitzen, die am 8. April 1945 den Südrand des Harzes erreichen, das ⌜Marinekorps⌝, stehen in Wettstreit und wechselseitiger Disziplin, vermittelt durch das instrumentelle Seitensystem der Abteilungen für Öffentlichkeitsarbeit in den Heimatländern der Alliierten. Damit, zitiert F., »ist die Systemschwelle zum universalistischen System anstelle des eng personalen überschritten«.
⌜»Steht wie ehemals Stern an Stern, Insel schwand und Schwäne«⌝. Der See, insellos, liegt 30 Meter unterhalb der felsigen Terrasse vor Augen. Die Teilnehmer sind von der Unvereinbarkeit ihrer Standpunkte über-

zeugt. Sie blicken auf den See hinunter, würden gerne baden.

Insofern als sich die Pionierphase von 42/43 nicht hinwegdenken läßt, ohne daß auch der jetzige Angriff entfiele, gibt es allerdings doch einen strategischen Rest. Damals waren Gedankengänge das Maß, die auf Trenchard[5] zurückgehen, der wiederum ⌜Verdun-Erfahrung⌝ hat, selber aus der Kavallerie hervorgegangen, die auf ⌜Hannibal⌝ zurückgeht, der wiederaufnimmt, was frühe Baumkletterer in der Gattungsgeschichte veranlaßt hat, nahrhafte ⌜Amnioten-Eier⌝ übergroßer Saurier zu finden, von unten oder von der Seite die Schale aufzubeißen und entweder die Brut dort hineinzuverlegen oder sie für sich selber auszusaugen. Es ist ganz deutlich, daß diese Wurzel des strategischen Interesses, die Beute, bei den Bomberbesatzungen in Wegfall kommt, da sie ja in die angeflogene Stadt etwas hineintun, niemals etwas aus ihr mitnehmen werden, »um es, sei es auch nur im abstraktesten Sinne, auszusaugen«. Sie können hier nichts »haben wollen«, sind, was Benzin oder Abwurfmaterial betrifft, Selbstversorger. Allenfalls könnte man es so verstehen, daß sie die Arbeitskraft von den Monteuren in den Flugzeugwerken zu Hause oder das Öl von Texas und Arabien ansaugen oder daß die Besatzungen Sold auf ihre Privatkonten ziehen oder daß die gesamte ⌜Transaktion⌝ Erträge für Rüstungsunternehmen erbringt. Aber für keinen dieser Vorgänge würden die Besatzungen dieser Maschinen hinreichend oder willig tätig. Sie verteidigen auch nicht zum gegenwärtigen Zeitpunkt ihre Heimat oder

5 Britischer Vize-Luftmarschall, Befehlshaber der RAF* im Ersten Weltkrieg, Begründer der englischen Luftstreitmacht, an der die US-Luftflotte auf dem europäischen »Schauplatz« ab 1942 dringend lernt.

Royal Air Force, brit. Luftwaffe

Häuser. Insofern fehlt der Rohstoff, aus dem Strategie hergestellt wird, inzwischen vollkommen.[6]

6 Es kämpfen, sagt Fritzsche, Mitarbeiter im Arbeitskreis VII, hier insbesondere keine Klassen gegeneinander, ebensowenig wie vor Verdun. Vielmehr vermischen sich »oben« wie »unten« *Arbeitskraft* und ⌜*Produktionsverhältnis*⌝ in ganz unübersichtlicher Weise. Die Klarheit des Himmels, Zielstrebigkeit der Anflugsformation, Gegensatz von einfachen Besatzungsmitgliedern, meist aus den unteren Ständen und Kommandeurselite, oder auch die ganze ausgepowerte Lage derjenigen, die unten in der Stadt dem Produktionsverhältnis Luftangriff ausgesetzt sind, täuschen gerade darin, daß man die Geschlechterketten zurückverfolgen müßte, um auf höchst verwinkelte Weise die *Wurzeln* dieses Ganzen zu analysieren. Nur diese Analyse aber stieße auf den *Rohstoff*, aus dem Strategie gemacht wird, entweder, nach ⌜Clausewitz⌝, »Vaterlandsliebe« oder ein klassenspezifischer Grund usf. Insofern, sagt Fritzsche, kann man nur sagen, daß der Schrott weit zurückliegender Klassenkämpfe oder Gefühle oder Arbeitskraft sich in der Form dieses Ereignisses organisiert.
Damit sticht Fritzsche in ein Wespennest. Das Thema der *Formalität* erfaßt die Diskussionsrunde.
Was damit gemeint sein soll, weiß zunächst keiner der Diskutanten. Auf jeden Fall steckt in dem Dahinfliegen und Bombardieren, der allmählichen Reinigung von beschwerendem Real-Ballast wie persönlicher Motivation, moralischer Verurteilung des zu Bombardierenden (»moral bombing«), in errechnetem know-how, der Automatisierung, Hinsehen, das durch Radarsteuerung ersetzt wird, usf., ein *Formalismus*. Hier fliegen nicht Flugzeuge im Sinne der Luftschlacht um England, sondern es fliegt ein Begriffs-System, ein in Blech eingehülltes Ideengebäude. Willi B. knüpft an ⌜Platons⌝ Gastmahl-⌜Phaidros⌝ an, auf Teufel komm raus. ⌜»Daß die Seelen der Menschen vor ihrer Geburt im beglückenden Umzug der Götter um den Himmel mitgezogen sind ... die Fähigkeit, mit den Göttern um den Himmel zu ziehen, verdanken die Seelen ihrem Gefieder ... sie verlieren ihr Gefieder, stürzen herab und vereinigen sich mit einem irdischen Körper, die Geburt ... dabei begießt die Seele ihre Herkunft, die früher geschauten Bilder ... Das Zusammensein der Seelen mit den Ideen als gemeinschaftlicher Umschwung der Seele mit den Göttern ...«⌝ Und worauf willst du damit jetzt hinaus, Willi? fragt Ursula D. Das weiß keiner. Aber irgendwoher müssen die Formen kommen.

Der Planer.

»Die Jungs«.

Staffelung[7] der Kampfblöcke, de

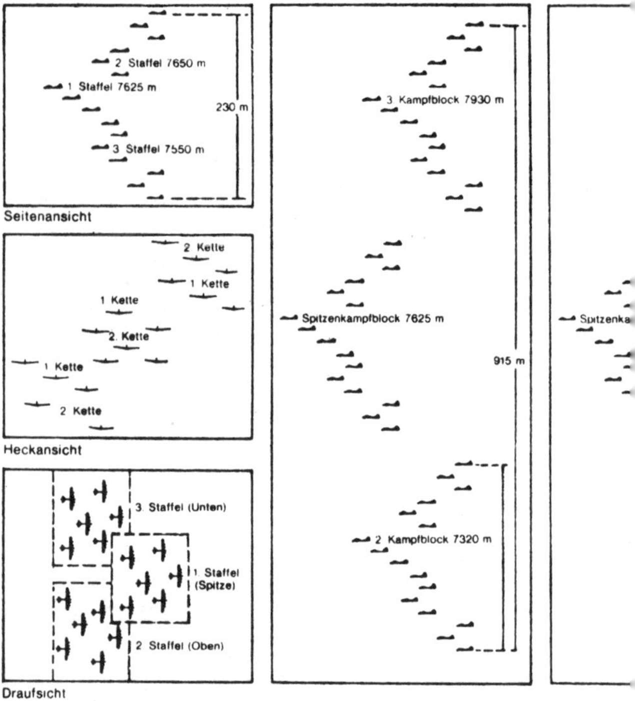

Man konnte in diesen fliegenden Industrieanlagen mitten im Krach der Motoren und infolge der übermächtigen Helle des Tageslichts allerdings nicht Kriminalromane oder Romanhefte lesen, obwohl für diejenigen, die nicht steuerten, Ausguck hielten oder funkten, lange Wartezeiten

7 In der 92., 305., 306. und 351. Gruppe Veteranen-Besatzungen, die schon 1943 Schweinfurt und Regensburg angegriffen hatten. Es sind Tagesangriffs-Spezialisten.

ßerplanmäßige Maschinen vorausfliegen:

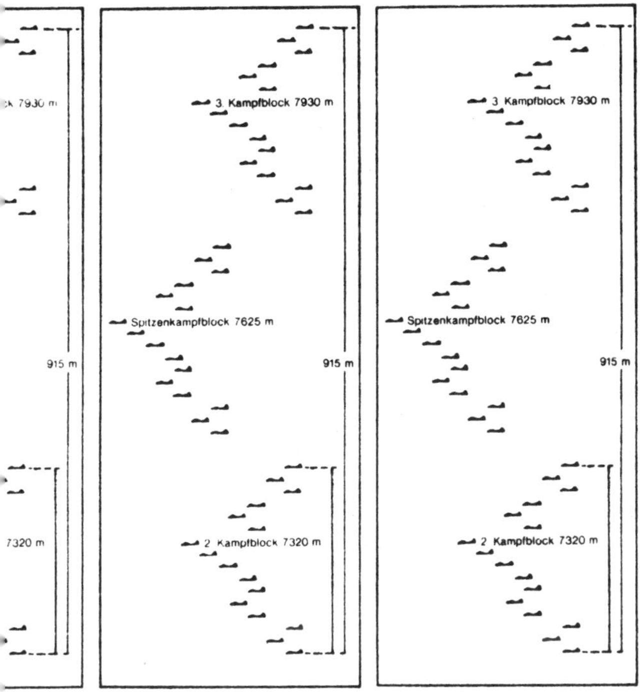

durchgestanden werden mußten. Eine Anpassung an die Maschinen, nur weil diese arbeiteten. Ich ahme den Gang, die Gesichtsbewegung, die Miene der Mutter nach, ich ahme die Ausdrucksweise der Gesellschaft nach, habe eine Nase wie ein Autokühler, die Geradheit der Straßen, das Viereckige der Häuser und Zimmer, ich ahme die Motoren nach, die unsere »Seelen« als Anhängsel samt Bombenlast, Maschinerie, Innenbau hinter sich nachziehen.
Keiner der altgedienten Profis in den Maschinen kann sich

deshalb der Anspannung entziehen, die Seele von ihr wegdrehen nach unten zu den Feldern oder dem Harzgebirge hin oder zur tiefen Bläue des Himmels.

> »The Eighth Air Force, U.S. Army Air Forces, made plans to attack targets in the vicinity of Berlin on 8 April 1945.[8] These targets, however, were within the Russian bomb line and therefore could not be attacked by U.S. forces without prior clearance from Russian authorities. When such clearance was not received, the Eighth Air Force put into effect an alternative plan to use 25 groups of B-17 and 7 groups of B–24 for attacks on other targets in Germany.
> Two of the targets selected for bombing were an airfield at Zerbst and an oil storage depot at Staßfurt. Both of these military objectives were to be attacked visually. If they were obscured by clouds, the planes were to bomb the marshalling yard at Halberstadt[9], attacking either visually or by use of radar sightings.

8 Auszüge aus einem Brief des Aerospace Studies Institute vom 29. März 1965 an den Halberstädter Historiker Werner Hartmann. – »Zielvorrat«: Zehn spezifisch ausgewählte Zielgebiete. Davon sechs für RAF, vier USAF*, darunter die Räume Stendal – Erfurt – Halle – Leipzig – Chemnitz – Magdeburg. Hiervon war ein Restzielbestand zum 8. April 45 übriggeblieben. (Rest-Zielvorrat).

* United States Air Force, amerik. Luftwaffe

9 64 000 Einwohner. Im Gegensatz zu anderen Städten, die sich bis 1939 durch Eingemeindung, veranlaßt durch ehrgeizige Oberbürgermeister, über die 100 000-Einwohnerzahl erweitert hatten und dadurch auf den Bombardierungslisten zuoberst standen, war Halberstadt nicht erweitert worden. Im Süden der Stadt ein Flugplatz, Anlagen der Junkerswerke, auf Tragflächenbau spezialisiert. In den Bergen, nach Langenstein zu, 25 km in das Gebirge vorgetriebene Stollen, die der Rüstungsproduktion dienen. Dies alles jedoch deutlich getrennt von der Stadt. Lediglich das Dom-Gymnasium ist von Schülern und Lehrkräften geräumt.

> Consequently, these groups went to their alternate objective at Halberstadt. Because of 3/10 cloud cover at Halberstadt many of the bombs were dropped by instrument sighting of the objective, but some crews bombed visually.«⌝[10]

Sie schaukelten oben dahin, ekelhaft »intelligent« (oder »allgemein«) zerbombten sie die Eckhäuser, um durch Schuttkegel die Straßen für Flüchtende zu sperren, Flüchtende, weil durch »Stäbchen«* und Phosphorkanister aus den brennenden Häusern getrieben. Sie sollten also (in Ausführung der Pläne ihrer Strategen und Luftwaffentaktiker, ohne allzuviel eigenen Willen hinzuzufügen) die Bevölkerung der Stadt »zurechtfoltern«.

Vgl. Erl. zu 21,20.

Braddock im Spitzenflugzeug des ersten Kampfblocks sieht beim Überfliegen der letzten beiden Bergketten vor der

Dort ist ein Rüstungsstab des ⌜Ministeriums Speer⌝ untergebracht. Auf den Bombardierungslisten der 8. US-Luftflotte steht Halberstadt an niedriger Rangstelle, unterhalb von Nordhausen, jedoch oberhalb von Quedlinburg oder Aschersleben.

10 In ihrer Maschinerie waren die Besatzungen aus »psychischen« Gründen blind. Ganz zweifellos herrschte sowohl über Zerbst und Staßfurt wie über Halberstadt die Bläue eines Frühsommerhimmels. Also keineswegs Wolken über Staßfurt und auch nicht 3/10 Wolkenbedeckung über Halberstadt. Daß trotzdem die Mehrzahl der Flugzeuge nicht nach Sicht, sondern nach Radar bombten, zeigt die Eigenschaft der Augen als Strategie und nicht als persönliche Organe der betreffenden Ausgucker. Anderseits USAF-Oberst a. D*. Douglas, 10. 4. 1977: Hören Sie auf mit dem Wort »Strategie«. Wir kommen darauf, wendet einer der Wissenschaftler ein, weil Sie sich »strategic bombing command«* nannten oder auch noch nennen. Kokolores, sagte der Oberst. Sie müssen das als eine normale Tagschicht in einem Industriebetrieb auffassen. »200 mittlere Industrieanlagen fliegen auf die Stadt zu.« Die Wissenschaftler sagten aber: Sie flogen, als hätten sie eine Binde vor den Augen. Wie erklärt sich das? Das weiß der Oberst a. D. auch nicht.

Oberst außer Dienst

(engl.) Strategisches Bomberkommando

Luftschutzhöhlen in den Spiegelsbergen bei Halberstadt

Stadt eine langgestreckte Allee liegen, von einer Bahnlinie gekreuzt. Auf dieser Allee eilen Stadtbewohner mit Plunder, Handwagen dem Bergwald zu. Es ist aus den Angriffsunterlagen bekannt, daß dort Schutzhöhlen* ausgebaut sind. Braddock befiehlt den ihm folgenden Maschinen je einen Wurf auf dieses Ziel, da es sich anbietet. Dies ist eine der wenigen »persönlichen« Entscheidungen, die im Zeitrahmen dieses Gesamtangriffs stattfinden.

Die Oberbefehlshaber. Ira C. Eaker, links und General Carl Spaatz, rechts.

B. Dampson, Zielmarkierer.

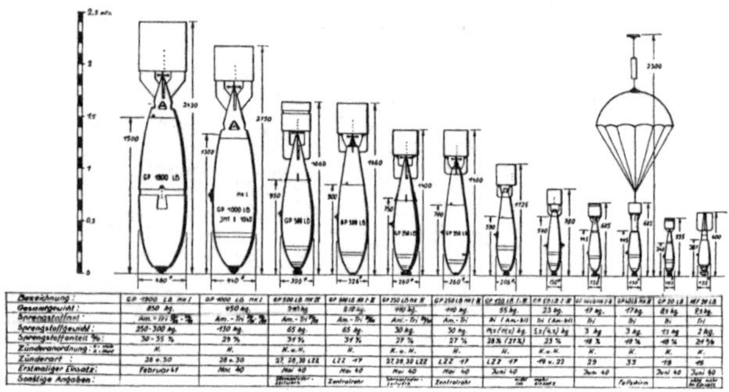

GP = General Purpose, Mehrzweckbombe; HEF High Explosive Fragmentation = Splitterbombe.

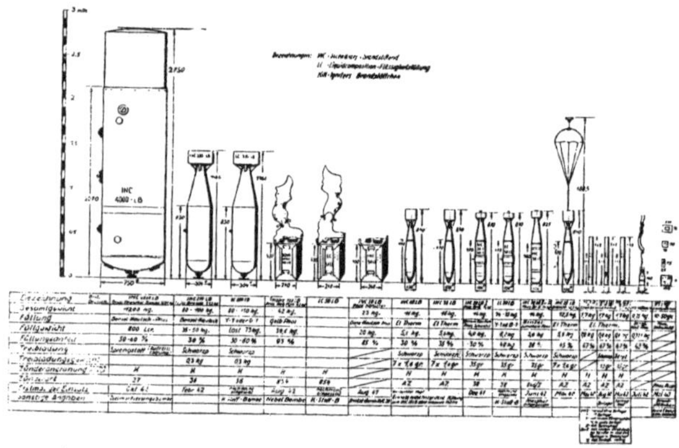

Brandware.

»Denn jede Bombengattung hat eine besondere Aufgabe. Minen legen die brennbaren Innereien der Häuser frei.« Schwere Sprengbomben, die die Straßen aufreißen und die Wasserleitungen zerstören, damit nicht in den Anfangsstadien gelöscht werden kann. Die leichteren Sprengbomben treiben die Löschmannschaften in die Keller zurück. (⌜Luftmarschall Harris⌝: »Der erste Angriff wird geflogen, um die Feuerwehren und Löschmöglichkeiten zu erschöpfen.«) Daraufhin Brandbomben, insbesondere sogenannte Flamm-Strahl-Bomben. Nach Mitteilung von Dom-Architekt W. Bolze, Dombauamt, Halberstadt – synthetische Lava*: Benzin, Gummi, Viskose* plus Magnesium. Dies stellt nach Harris ein geordnetes Ganzes dar.

künstlich hergestellte Lava

industriell hergestellte Chemiefasern

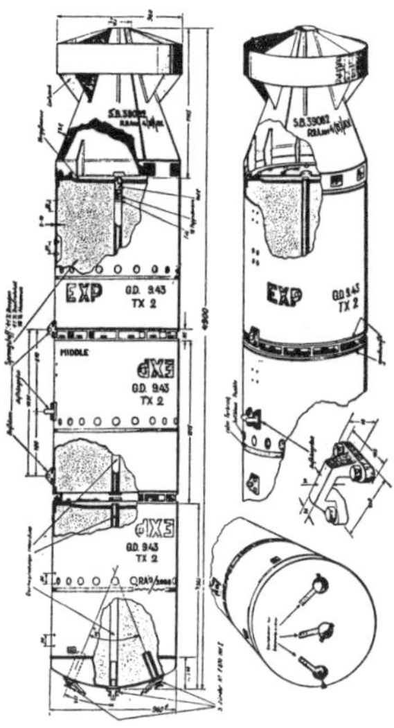

HC 12000 LB 5100 kg = Großladungsbombe.

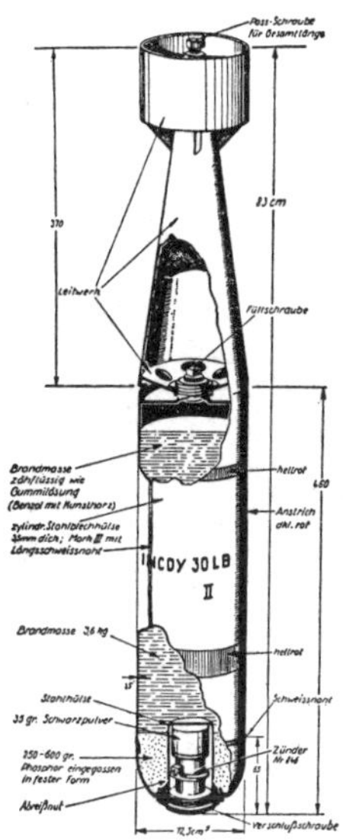

Flüssigkeits-Brandbombe INC 30 LB MK IV »mit Längsschweißnaht«, 14 kg.

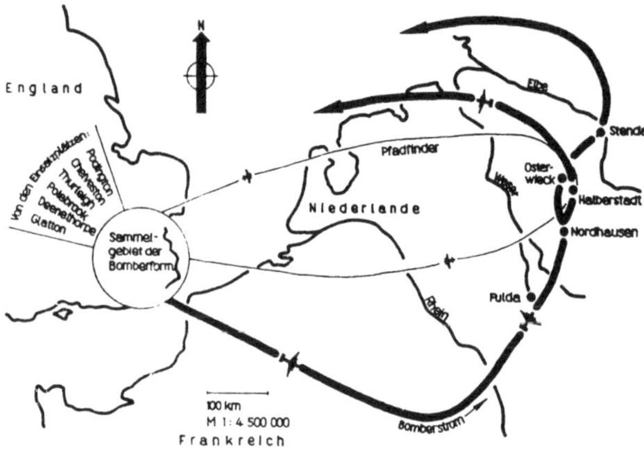

Kurs der angreifenden Maschinen (8.4.1945)

[Interview mit ⌜Brigadier⌝ Anderson]

Der Reporter Kunzert, Halberstädter, mit den englischen Truppen, die Juni 1945 Sachsen-Anhalt räumten, nach Westen ausgewichen, griff sich in London den Brigadier

Frederick L. Anderson, ehemals 8. US-Luftflotte, am Rande einer Konferenz des ⌜*Institute for Strategic Studies*⌝. Sie sitzen auf Barhockern im Hotel »Strand«. Anderson hatte den Angriff auf Halberstadt an leitender Stelle »mitgetragen«.

REPORTER: Sie sind also nach dem Frühstück losgeflogen?

ANDERSON: Richtig. Schinken mit Eiern, Kaffee. Ich lese Kriminalromane immer auf die Stellen hin, in denen der Detektiv viermal Schinken und Eier und drei Portionen Kaffee vertilgt. Das gibt mir ein Gefühl von Masse. Essen würde ich das nicht. Aber vorstellen tue ich es mir gerne. Spaß beiseite.

REPORTER: Na ja. Sie stiegen von Einsatzhäfen in Südengland routinemäßig auf?

ANDERSON: Podington 92. Staffel, Chelveston 305. Staffel, Thurleigh 306. Staffel, Polebrook 351. Staffel, Deenethorpe 401. Staffel und Glatton 457. Staffel. Das ist einwandfrei.

REPORTER: Wenn Sie das mal nicht aufzählen, sondern anschaulich machen. Was sieht man?

Anderson konnte kein anschauliches Bild vermitteln. Man sieht die aufgezählten Staffeln zunächst nicht; Anderson steht hinter dem Piloten einer Maschine, sieht seitlich Wiese und Flughallen »vorbeiwirbeln«, wird zur Rückwand gedrückt usf. Er weiß lediglich aus einem Stoß Fernschreiben (zeigt einen Stapel an von ca. einem halben Meter), daß die anderen Staffeln zur gleichen Zeit an anderen Orten starten. Es sind jeweils 12 bis 18 Arbeitskräfte (einschließlich Bodenpersonal) in und an jedem dieser Flugzeuge tätig, die zum Teil warten, zum Teil bestimmte technische Handgriffe ausführen müssen. Die Summe der gestarteten Anlagen versammelt sich, es werden Warteschleifen geflogen über der südenglischen Küste.

REPORTER: Einflug über die französische Nordküste?

ANDERSON: Wie üblich. Wir taten so, als ob wir Nürnberg oder Schweinfurt anfliegen.

REPORTER: Ist man stolz, wenn man im Bomberstrom auf über 300 Maschinen hinblickt?

ANDERSON: Ich saß in einer ⌜Moskitomaschine⌝. Ich konnte auf Grund der genannten Fernschreiben sowie der Karte (und in der Annahme, daß alles planmäßig verläuft) mir diesen Bomberstrom vorstellen. Sehen konnte ich ihn nicht. Mein Moskito, ein schneller Holzbomber, flog weitab vom Pulk – niederländische Küste, Rhein, Weser, Nordharz usf.

REPORTER: Dann hätte die Luftüberwachung von unserer Seite ja nur die ⌜Pfadfindermaschine⌝ verfolgen müssen, um den Trick mit der Anfangsrichtung des Bomberstroms nach Südost zu durchschauen?

ANDERSON: Gewiß. Soweit sie noch vorhanden war, durchschaute sie das sicher.

REPORTER: Südlich von Fulda Kurswechsel?

ANDERSON: Kurs Nordost.

REPORTER: Wie geplant?

ANDERSON: Das ist alles geplant.

REPORTER: Die Einheitsführer können daran nichts entscheiden?

ANDERSON: Die Spitzenflugzeuge fliegen an der Spitze, aber sie führen nicht.

REPORTER: Wenn Sie nun einmal beschreiben, was das sollte?

ANDERSON: Was das sollte, kann ich Ihnen nicht sagen. Ich kann mich nur zur Angriffsmethode äußern. Das sind ja Profis. Zunächst müssen sie die Stadt einmal irgendwie »sehen«. Wir kommen also an, d. h., wir Moskitos sehen zunächst einmal den Bomberstrom, der von Süden anfliegt. Dann liegt seitlich rechts der Harz, man kann den Brocken* sehen. Die Bomber überfliegen den Südteil

* Höchster Berg Norddeutschlands (1141 m)

der Stadt, einmal über das Ganze weg, legen ein paar Serienwürfe prophylaktisch* an die Stellen, an denen Bevölkerung, die durch den Alarm gewarnt ist, zum Berggelände hin flüchtet. Um da erst einmal zuzumachen. Die Bomber sammeln dann am nordöstlichen Stadtausgang, also über der Ausfallstraße nach Magdeburg. Das sind zwei Warteschleifen, damit alle Maschinen heran sind und der Angriff kompakt geflogen werden kann. Befohlen war ⸢Teppichwurf⸣, d. h. *Konzentration* der Würfe, entweder im Süd- oder Mittelteil der Stadt. Wir kannten ja die Stadt nicht, hatten nur die Karte sowie einen ersten Eindruck. Dieser Eindruck sagte uns: die Hauptverbindungslinien führen durch Mitte und Süd in westöstlicher Richtung, während im Norden Dörfer und im Süden Berge liegen. Wir können uns nicht mit der einzelnen Stadt allzulange befassen, da wir ja noch den Angriff und die Rückreise haben. Frage: Jagdschutz, Flak, Qualitätskontrolle der Würfe? Da können wir uns nicht mit dem Stadtplan befassen, wir suchen die Angelpunkte.

vorsorglich

REPORTER: Was Ihnen als Angelpunkt erscheint.

ANDERSON: Was der Angriff zu diesem Zeitpunkt des Krieges soll, können wir nicht wissen. Also wählen wir eine *vernünftige* Angriffslinie.

REPORTER: Was ist das?

ANDERSON: Daß der Angriff nicht verkleckert.

REPORTER: Was heißt das?

ANDERSON: Die Würfe dürfen sich nicht im Stadtgelände verteilen. Wir sehen also: Hauptverbindungsstraßen, Ausfallstraßen. Wo es dann auch richtig brennt. Das wissen Sie ja auch, wo das in einer alten Stadt liegt. Wir treiben keine Mittelalterstudien, aber haben doch auch gehört, daß eine solche Stadt aus dem Jahr 800 nach Christus stammt. Von da aus müssen sich die Bombenschützen zunächst auf die Eckhäuser konzentrieren. Damit machen wir zu. Optimal gesprochen: Schuttkegel am Eingang jeder Straße und am Ausgang. Die Falle ist zu, wenn wir die Häuser zu beiden Seiten der Straße sprengmäßig aufmachen. Da hinein Brandkanister, Stäbchenbrandbomben usf. Darüber dritte und vierte Welle wieder sprengmäßig, brandmäßig. Das gibt ein Querraster, obwohl wir immer in der gleichen Spur durchfurchen. Sehen Sie, intakte Gebäude sind schwer zum Brennen zu bringen. Erst müssen die Dächer abgedeckt sein, und es müssen Öffnungen eingesprengt werden, die ins zweite oder möglichst erste Stockwerk hinabreichen, wo das Brennbare sitzt. Sonst haben wir keine Flächenbrände, keinen Feuersturm usf. Mein Bruder ist Luftwaffenarzt. Es ist das gleiche wie die breitflächige Versorgung einer Wunde. Man kann nicht zugewachsene, verschorfte Wunden zur Abheilung bringen, das möchte ich mal mit einer verschorften, historisch gewachsenen Stadt vergleichen, sondern die Wunde muß erst wieder frisch angerissen werden, so daß frische Blutgefäße angesprochen sind, und dann ⌜Breitsalben und Mull⌝ drauf.

REPORTER: Nach den ersten vier Wellen haben Sie nochmals mit zwei neuen Wellen in Paradeformation angefangen und haben »versorgt«. Warum das?

ANDERSON: ⌜Parademäßig⌝, weil keine Flakeinwirkung zu sehen war. Bei Flak fleddern die Maschinen auseinander. Folge: unkonzentrierte Würfe. Das kam hier nicht in Betracht.

REPORTER: Ich meine, warum nach der Verwüstung noch mal mit zwei Wellen darüber hingehen?

ANDERSON: Das war üblich.

REPORTER: Es gibt Gerüchte. Früh halb zehn soll die Verteidigungszentrale der Stadt von Hildesheim aus durch einen amerikanischen Oberst über das Ziviltelefonnetz angerufen worden sein: Übergeben Sie die Stadt, beseitigen Sie die Panzersperren! Der Oberbürgermeister war jedoch nicht anwesend. Der Kreisleiter*, Detering, in seiner Eigenschaft als Verteidigungskommissar anwesend, wies dieses Ersuchen ab. Daraufhin wurde gebombt. Es wird gesagt, wäre der Oberbürgermeister früher aufgestanden und hätte dem Ersuchen stattgegeben, wäre die Stadt dem Angriff entkommen. Wenn bis 11 Uhr eine große weiße Fahne am linken Turm der Martinikirche gehißt worden wäre (von Süden gesehen links), wären die Bomberverbände wieder umgekehrt. Eine Frau soll noch versucht haben, ein aus vier Laken zusammengenähtes Tuch zur Stadtzentrale oder zum Kirchturm zu bringen.

* Kreisleiter: Mitglied der NSDAP, zuständig für eine Stadt bzw. einen Kreis

ANDERSON: Das ist Larifari. Um diese Uhrzeit waren die Bomber von einem Gefechtsstand in Hildesheim nicht mehr zu erreichen.

REPORTER: Aber was ist wahr an dem Gerücht?

ANDERSON: Gar nichts. Der Oberst hätte telefonieren müssen. Über ⌜Divisionsstab, Armeekorps, den Stab der Armee, Heeresgruppe⌝, dann über ⌜General Headquarters⌝ in Reims nach London, dort über Querverbindung zum strategischen Bomberkommando, zurück 8. Luftflotte, dann Verteiler zu den Telefonzentralen der südenglischen Flugplätze (wobei erforscht werden muß, welche Staffeln überhaupt wohin starten, das ist geheim, da könnte ja jeder Spion anrufen), dann hätte ein entsprechender Befehl verschlüsselt werden müssen usf., eine Sache von 6 bis 8 Stunden.

REPORTER: Was hätten Ihre Spitzenflugzeuge getan, welche die Rauchzeichen setzten, wenn eine aus sechs Bettlaken gefertigte große ⌜weiße Fahne⌝ über den Martinitürmen gesetzt gewesen wäre, gut sichtbar?

ANDERSON: Das ist eine ganze Maschinerie, die da anfliegt. Kein einzelnes Spitzenflugzeug. Was soll das weiße Groß-Laken bedeuten? Eine List? Gar nichts? Man hätte sich vielleicht darüber unterhalten. Die nachfolgenden Maschinen drücken nach. Gesetzt den Fall, es sind keine Rauchzeichen da, dann nimmt man an, dass das versäumt worden ist, und setzt entweder neue oder geht nach Sicht vor.

REPORTER: International bedeutet aber eine große weiße Fahne Kapitulation. »Wir ergeben uns.«

ANDERSON: An Flugzeuge? Spielen wir das doch einmal durch. Eine Maschine landet auf dem nahe gelegenen Flugplatz der Stadt – Landebahn wäre aber für Viermotorige zu kurz – und besetzt die Stadt mit einem Dutzend Leuten? Woher weiß man, ob die Person, die das weiße Laken hißte, nicht von einem Erschießungskommando wegen ⌜Defätismus⌝ längst erschossen ist?

REPORTER: Das ist aber keine faire Chance. Was sollte denn die Stadt tun, um zu kapitulieren?

ANDERSON: Was wollen Sie denn noch? Verstehen Sie denn nicht, daß es gefährlich ist, mit einer brisanten Fracht von 5 oder 4 Tonnen Spreng- und Brandbomben die Rückreise anzutreten?

REPORTER: Sie konnten die Bomben woandershin schmeißen.

ANDERSON: In einen Wald usf. Vor dem Rückflug. Angenommen, die Pulks werden auf der Heimreise angegriffen, auf Flugplatz Hannover lagen ja noch Jäger. Wir warteten eigentlich die ganze Zeit, daß sie starteten. Wer will für die schwerbeladenen Enten die Verantwortung übernehmen, nur weil sich ein weißes Tuch gezeigt hat? Die Ware mußte runter auf die Stadt. Es sind ja teure Sachen. Man kann das praktisch auch nicht auf die Berge oder das freie Feld hinschmeißen, nachdem es mit viel Arbeitskraft zu Hause hergestellt ist. Was sollte denn Ihrer Ansicht nach in dem Erfolgsbericht stehen, der nach oben geht?

REPORTER: Sie konnten wenigstens einen Teil auf freies Feld werfen. Oder in einen Fluß.

ANDERSON: Diese wertvollen Bomben? Das bleibt doch nicht vertraulich. Wir hatten mit der Stadt doch auch gar nichts im Sinn. Wir kannten da keinen. Warum sollte sich zu *ihren* Gunsten irgendwer an einer Verschwörung beteiligen? Ich würde schon mal einem Exekutionskommando* den Befehl geben, alles in Deckung, Flugzeug von links, und dem Gefangenen sagen, er soll verschwinden, vorausgesetzt, daß alle schweigen. Das kommt aber praktisch nie vor. Also findet so etwas nicht statt.

Erschießungseinheit

REPORTER: Die Stadt war also ausradiert, sobald die Planung eingeleitet war?

ANDERSON: Ich möchte mal so sagen: wenn ein paar besonders Eilige unter den Kommandeuren unserer eigenen Panzerspitze in einem ganz brillanten Vorstoß über Goslar, Vienenburg, Wernigerode die Stadt bis 11.30 Uhr erreicht hätten, so hätte das die Systematik unserer Pulks nicht geändert.

REPORTER: Die hätten doch Fliegerzeichen gesetzt, Erkennungssignale neben die Rauchzeichen geschossen.

ANDERSON: Kriegslist des Gegners!

REPORTER: In aller Ruhe hätten Sie die eigenen Leute zerballert?

ANDERSON: Nicht »in aller Ruhe«, sondern »mit Zweifeln«. Es hätte Funkverkehr gegeben, und vielleicht hätte das der Konzentration der Teppichwürfe geschadet. Nun waren unsere ja Gott sei Dank keine Zauderer.

REPORTER: Hatten Sie eine Vorstellung, was der Angriff bewirken sollte?

ANDERSON: Wie ich schon sagte, nicht so klar.

REPORTER: Sie sind zynisch*.

menschenverachtend

ANDERSON: Nur nicht verlogen. Was nützt es Ihnen, wenn ich Ihnen jetzt mein Mitgefühl ausdrücke?

REPORTER: Gar nichts.

Es war eine Verstimmung eingetreten zwischen den beiden.

Der Reporter lehnte es ab, eine Tasse Kaffee anzunehmen. Obwohl doch Anderson durchaus ihn zu gewinnen versuchte, weil jetzt ja eine ganz andere, friedensmäßige Situation bestand. Aber auch richtiger Haß war, hier auf den Barhockern des »Strand«, nicht machbar.

[Interview eines Korrespondenten der »Neuen Zürcher Zeitung« mit einem hohen Stabsoffizier]

In der Maschine von Captain William Baultrisius, die Maschine trägt den Namen »The Joker«, fliegt am 8. 4. 45 Brigadegeneral Robert B. Williams, Stabsgehilfe von Ira C. Eaker, mit. Er soll den Angriff stabsmäßig beobachten. Williams steht hinter dem Steuer-Sitz des Captain. Baultrisius, ehemals Seemann, erzählt gern. Der Londoner Korrespondent der *NZZ*, Wilfried Keller, nimmt an diesem Flug, gegen Revers*, daß er während der Flugzeit auf seinen neutralen Status verzichtet und sich der Gefahren bewußt ist, ohne Genehmigung einer höheren Stelle teil.

Schriftl. Verpflichtungserklärung

WILLIAMS (aufgeräumt): Sehen Sie, die Felder sind alle viereckig. Die Landstraße geradlinig und die Häuserzeilen dort in der Stadt wieder viereckig und die Karrees …

NZZ: Die Stadt insgesamt ist aber nicht viereckig, sondern fasert aus in das freie Land.

WILLIAMS: Das ist auffällig.

> Baultrisius war spezialisiert auf gruselige Geschichten. »Die winzige Jagdmaschine kam frontal auf mich zu. Sergeant Douglas setzt Leuchtspur vom Vorderturm in ihr Maul, und wir waren so okkupiert*, daß wir nicht merkten, daß in der Maschine niemand mehr saß, der den Kurs steuern konnte. Die Jagdmaschine brach vorne in die B-17 ein, ratschte durch die gesamten Innenbauten. Der Motorblock, der sich vom Rumpf des Einsitzers gelöst hatte, durchbrach unser Heck und fiel

Hier: beschäftigt

mit drehendem Propeller langsam hinter uns nach unten. Ich hatte mich so zur Seite gedrückt, daß ich die leere Hülse, d. h., ich war als einziger übrig, mit intakten Außenmotoren nach Afrika brachte, setzte dort spätnachts auf, es gab kühles Bier aus Detroit.«

Zwei Kilometer vor dem Bomberstrom befinden sich zweimotorige Schnellbomber, es handelt sich um Holzbomber, sogenannte Moskitos, die als »Pfadfinder« dienen: Maschine des Chef-Bombers, die »Assistenten-Maschine«, das Wetter-Flugzeug. Der Bomberstrom ist inzwischen auf Angriffshöhe, d. h. etwa 3 000 m, heruntergegangen. Das Wetter-Flugzeug erhält Befehl, auf diese Angriffshöhe zu steigen und die Windgeschwindigkeit dort zu messen. Die Assistenten fliegen im Sturzflug auf 1 000 m, setzen Rauchzeichen. Eines dieser Rauchzeichen ist ein Fehlwurf. Es steht abseits von den anderen weit im Norden der Stadt. Der Chef-Bomber selbst stürzt bis auf 3 000 m Höhe auf dieses Wölkchen zu, sitzt halb darauf. Das bedeutet: »dieses Rauchzeichen nicht beachten«.

NZZ: Sie haben mir etwas von den Junkerswerken vorgeschwärmt. Die bleiben aber, wenn Sie so weiterfliegen, seitlich liegen. Was ist damit?

WILLIAMS: Ich hatte gedacht, daß der Angriff mehr nach Süden zu liegen kommt. Wir fliegen jetzt die gesetzten Rauchzeichen an. Vorher sammeln die Maschinen dort (er weist auf den nordöstlichen Stadtausgang, ungefähr Landstraße nach Magdeburg).

NZZ: Also doch Mitte der Stadt.

WILLIAMS: Tut mir leid. Wird moral-bombing werden. Ich hätte Ihnen gern einen Tagesangriff auf Schwerpunkt-Industrie gezeigt.

NZZ: Bombardieren Sie aus Moral oder bombardieren Sie die Moral?

WILLIAMS: Wir bombardieren die Moral. Der Widerstandsgeist muß aus der gegebenen Bevölkerung durch Zerstörung der Stadt entfernt werden.

NZZ: Die Doktrin soll aber inzwischen aufgegeben worden sein?

WILLIAMS: Gewiß. Deshalb bin ich ja selber etwas erstaunt. Man trifft mit Bomben diese Moral nicht. Offensichtlich hat die Moral nicht ihren Sitz in den Köpfen oder hier (deutet auf den ⌜Solar-Plexus⌝), sondern sitzt irgendwo zwischen den Personen oder Bevölkerungen der verschiedenen Städte. Das ist untersucht worden und im Stab bekannt.

NZZ: Es wirkt sich aber auf diesen Angriff nicht aus.

WILLIAMS: Ich könnte sagen: leider, denn unsere neuesten Erkenntnisse sind ein Sieg über die Theologie. Im Herzen oder Kopf ist offenbar gar nichts. Das ist übrigens plausibel*. Denn die, die zertrümmert sind, denken oder fühlen nichts.

einleuchtend

Und die, die aus einem solchen Angriff trotz aller Vorkehrungen entkommen, tragen die Eindrücke des Unglücks offensichtlich nicht mit sich. Alles mögliche Gepäck nehmen sie mit, aber die Momenteindrücke während des Angriffs lassen sie anscheinend da.

NZZ: Ein solcher Angriff, stelle ich mir vor, z. B. wenn ich an Zürich denke, hat ja mindestens den Wert einer »Erscheinung«. Der ⌜»Geist spricht aus dem brennenden Busch«⌝, würde ich mal sagen.

WILLIAMS: Überhaupt nicht. Einen stärkeren *Real*druck als den, den wir 20 Minuten so einer Stadt aufdrücken, gibt es gar nicht. Ich glaube schon, daß die Leute im Moment des Angriffs selber sagen: wir geben unsere Moral weg, unseren Durchhaltewillen usf. Aber was sagen sie am nächsten Tag? Wenn in einem Kilometer Entfernung von der verbrannten Stadt der Trott offensichtlich weitergeht?

NZZ: Ich wollte ja nur wissen, was Sie davon denken.
WILLIAMS: Als Offizier oder als Historiker?
NZZ: Mehr privat.
WILLIAMS: Und das wissen Sie jetzt?
NZZ: Habe ich eine Frage vergessen?

[Vortag, Samstag, 7. April 45, 17 Uhr] Es mußte für Karl Wilhelm von Schroers[11] immer möglichst viel los sein. Er war ein Beutejäger, was starke sinnliche Schrecknisse betrifft. Sie öffnen die Horizonte. Horizonte öffnen heißt soviel wie starke Neuerungen, außerhalb der polizeilichen Regelung tätig sein, Katastrophenschutz, Umwerfen der Viereckigkeit aller Verhältnisse, jemand finden und retten und dadurch für sich etwas mitbringen, z. B. Wagen und Anhänger voll Beutegut, der wiederum bei jemand abgeliefert wird, mit der Belohnung wieder jemand eine Freude machen und ihn zur Abgabe von begehrten Gegenständen veranlassen usf.

⌜»Der Weizen wächset mit Gewalt.«⌝

Karl Wilhelm stellt den requirierten DKW* neben den Strohdiemen* ab, sieht außerhalb der Feldscheune 2 Fiebernde gelagert, die von ⌜Landesschützen⌝ in einigen Metern Abstand beobachtet werden. Die Landesschützen haben neben den kläglichen Gefangenen eine Kuhle gegraben, in die diese abortieren*. Von Schroers hat nach kurzer

das beschlagnahmte Auto

Ein im Freien geschichteter größerer Strohhaufen

die Notdurft verrichten

11 Domgymnasium, mit 16 Jahren mit Kriegsreife entlassen, Westfeldzug, verwundet, Winter 1941 in einem Kessel bei Rshew*, Lazarettaufenthalt, unter schützender Hand des Onkels, der Generalarzt ist im Schwarzwald, jetzt, noch ⌜Rekonvaleszent⌝, Feldarzt im Reservelazarett Halberstadt, beauftragt mit der Sanitätsversorgung aller Gefangenenlager der Stadt: Elysium (gemischte Gruppen), Feldscheune, Sargstädter Weg (britische Kriegsgefangene).

Russ. Stadt, 200 km westl. v. Moskau, am Oberlauf der Wolga

Untersuchung der Fiebernden seinen Eindruck: Das ist doch was. Es scheinen 2 ⸢Typhusfälle⸣ zu sein.

Die müssen die Nacht über hier draußen liegen bleiben. Drinnen haben wir keine Abteile, sagt er. Nein, antworten die Landesschützen. Das ist für die Fiebernden nicht besonders gut.

Auch für die alten Knochen der Landesschützen ist es nicht gut, in der Nacht hier draußen zu wachen.

Das muß dem Kreisarzt zur Entscheidung gemeldet werden. Aber machen Sie es bitte dringend, sagt einer der Landesschützen. Vorläufig genügt es, meint Schroers, wenn einer von Ihnen in der Nacht mal nachsieht, ob sie noch daliegen. Sie können in diesem Zustand nicht flüchten. Ja, so wird das gemacht. Und, befiehlt von Schroers, die Kuhle mit Brettern absperren, daß das einen Rahmen hat. – Zu Befehl.

Das ist eine wichtige Sache. In diesem Moment zusätzlich ein überscharfer Knall. Schwarze Explosionswolke aus Richtung Hauptbahnhof, zu der sich von Schroers sofort hingezogen fühlt. Daueralarm besteht schon seit 1 ½ Stunden.

Gerade hierfür gelten Sondervollmachten. Von Schroers ist berechtigt, durch die Stadt zu preschen, Gegenverkehr unbeachtet zu lassen, den Gefahrenhimmel zu unterfahren: militärärztlicher Einsatz. Den Zerstörungsherd Hauptbahnhof/Reichsbahnausbesserungswerk umstehen Fachleute, Rettungsgruppen. Er sucht das Bahnhofshotel auf, telefoniert wegen zusätzlicher Rettungsfahrzeuge. Wenig später hat er Kreisarzt Dr. Meyer am Apparat, einen grauhaarigen Giftzwerg, dem er 2 Typhus-Verdachtsfälle und Originalbericht vom Katastrophenort Bahnhofsgelände, ein Munitionszug ist durch Jagdbomber zusammengeschlagen, »apportiert«*. Das ist im Eimer, sagt er. Verwundete oder Tote? – Ja. Hinreichend. Der Wirt des Bahnhofshotels schiebt ihm, Entwarnung, ein großes Glas Faß-

abliefert, berichtet

brause* zu, die wie Bier aussieht, aber wie Brause kribbelt, schmeckt nach Apfelsaft.

Eine Stadt voller Vorräte. Erst die Katastrophenwunde im umgrenzten Bahnhofsbereich macht ihre Intaktheit bewußt. Über den feindfreien Himmel jagen im Tiefflug 6 Maschinen Me 109*. Überall in der Stadt werden die Fenster vorsorglich geöffnet, damit sie bei ferneren Explosionen nicht zerspringen, intaktes Telefonnetz, die nachgeordneten Organisationen der Partei auf Achse, Offiziere der Luftwaffe und der ⌜Infanterie⌝-Kasernen, die den Bahnhofsbereich ansehen – alles intakt, eine Reichheit*, jetzt gegen 18 Uhr, in der Muskelkraft und Kreislauf ihren aktivsten Stand haben, man könnte 100-Meter- oder 3 000-Meter-Lauf proben oder ins Schwimmbecken des Sommerbades springen. Von Schroers' Eigenschaft, immer weniger Angst als Neugier zu besitzen, beruht nicht auf Mangel an Vorstellungsvermögen. Er sieht zwar mit den Augen nur diese Gaststätte, ein Stück Wehrstedter Brücke, nichts von den zerstörten Gleisen, vielleicht noch einige Häuser, aber er stellt sich die ganze Stadt vor. Nun wußte er noch nicht, daß dies der letzte bewußte Blick auf das intakte Stadtbild war. Vielleicht hätte er dann mehr wahrgenommen. Kommen Sie morgen früh gegen 11 Uhr ins Rathaus. Ich befinde mich dann in der Stadtverteidigungs-Zentrale. Sie können mir dann über die Verdachtsfälle berichten, sagt Kreisarzt Meyer. Er neigt zur Abwehr von Neuigkeiten, die eventuell Arbeit machen. Die sogenannte Verteidigungszentrale der Stadt, schließt von Schroers aus dem Befehl, scheint dauerbesetzt zu sein. Die Stadt bereitet sich auf einen ⌜»Endkampf«⌝ vor. Da lauern schöne Stücke von Schrecknissen.

Limonadenart, urspr. in Braueireifässern abgefüllt

Einsitziges Jagdflugzeug, Messerschmitt Bf 109

Fülle, Überfluss

[8. April, 11.29 Uhr, in der Verteidigungszentrale der Stadt, Rathaus, Eingang Hinter der Münze] Von Schroers ist früh dran. Läuft die mit Betonstäben abgestützte Treppe zur Verteidigungszentrale hinab.

Die Zentrale selber hat er sich technischer vorgestellt. Der grün gestrichene Keller-Raum, mittelalterliches Bogengewölbe, ist zum Teil eine Telefonzentrale, ein Kartentisch, eine Ecke mit Stehlampe und Sesseln, in denen sitzen: Detering[12], Rauchhaus[13], Kreinacher[14], Mertens[15], Wurtinger[16]. Kreisarzt Dr. Meyer eilt auf von Schroers zu. Meyer ist lebhaft, kleinwüchsig »wie ein Römer«. Er trägt Stahlhelm auf dem grauen Haar. Es ist eben durchgekommen, ruft er aufgeregt, die Stadt wird angegriffen. Was ist draußen los?

Das ist ja praktisch nicht zu überhören. Aus Lautsprechern, die in den Wandecken angebracht sind, sprechen Flugbeobachter. Die in den Sesseln sitzenden *Beauftragten der Stadtverteidigung* sind aufgesprungen, umstehen den Kartentisch.

Setzen Sie das Ding da ab, sagt von Schroers zu dem Kreisarzt. Es behindert Sie. Es nützt Ihnen nichts, wenn die Decke herunterkommt. Sie sind viel sicherer, wenn Sie sich hier unter der Türfüllung, wo das Gewölbe Sie schützt, aufhalten. Das ist das einzige, was stehenbleibt, wenn die Decke herunterkommt. Der Kreisarzt antwortet: Sie wollten über die Typhus-Verdachtsfälle reden. Ist das übrigens Ihrer Meinung nach ein Angriff auf Einzelziele oder auf die ganze Stadt? Meyer entblößt den Kopf, das strubbelige graue Haupthaar, stellt sich gehorsam neben den Mann, präzise unter die Türfüllung des Eingangs, eine Menge

12 Kreisleiter, Verteidigungskommissar der Stadt und Katastrophenschutz-Beauftragter.

13 ⌜Ortsgruppenleiter⌝, Führer des NSKK, Luftschutz-Beauftragter der Partei.

14 Führer der SA, Stabsgehilfe des Einsatzleiters Detering.

15 Oberbürgermeister, Chef der Ortspolizeibehörde, Chef des Luftschutzes usf., ein Verwaltungs-Jurist.

16 Oberst, standortältester Kommandant der Halberstädter ⌜Garnison⌝.

500jährigen Stein über sich. Berichten Sie mir von den angeblichen Typhusfällen, beharrt er. Von Schroers findet, daß im Moment kein Anlaß zu einem Gespräch ist. Es erbost ihn, daß Meyer es so hinstellt, als sei seine Diagnose vom Vortag übertrieben. Die Ereignisse selber neigen momentan zur Übertreibung, haben die Tendenz, Meyers vorsichtig-abwehrende Haltung zu mißachten.

Von Schroers erträgt die Nachrichtenarmut hier unten nicht, läßt die Luftschutz-Schleuse zur Kellertreppe hin öffnen, eilt die Treppe hinauf und sieht: Renaissance-Erker des Rathauses, Blumenkästen, in denen vier Reihen Fuchsien* stehen, die geordnete Rotte* von silberglänzenden Feindmaschinen, die von Wehrstedt her zur Stadt anfliegen, nach unten sackend. Fast direkt über ihm Rauchzeichen. Von Schroers wendet sich zum Keller zurück.

Fuchsien: Zierpflanzen mit hängenden, mehrfarbigen Blüten

Rotte: Horde, Masse

Eine Serie naher Einschläge. Das Kreuzgewölbe im östlichen Teil des Kellers öffnet sich, hat ein Loch. Man kann, von Schroers' Position, Rauch und Himmel sehen, eine gezackte Öffnung. Meyer, immer noch in Position unter der Türfüllung, greift nach Schroers. Von Schroers hält es nicht für möglich, daß ihn etwas treffen könnte, da er so wissens- und lebensdurstig ist. Mertens, Detering, Wurtinger, ihre Gehilfen, die eben noch am Boden lagen, haben sich verständigt, drängen mit den Telefonistinnen durch die offene Luftschutz-Schleuse. Die Luftverteidigungs-Zentrale verlegt, mitten im Angriff, zur Ausweichzentrale Hephata-Heim in der Wasserturmstraße. Den Hinweis hat Schroers von einer Telefonistin. Er ist sicher, daß auch vom neuen Standort aus nichts verteidigt werden kann.

[Anruf eines hohen Offiziers vom OKW*]

Mit Blitz*, später, als das nicht viel nützte, im Range eines »Führungsgesprächs« kam Oberst i. G.* Kuhlake nach Magdeburg durch, dann führten ihn die telefonischen Verbindungsversuche in die Ortsnetze Croppenstedt, Grönin-

OKW: Oberkommando der Wehrmacht

Blitz: Telefonat mit erhöhter Dringlichkeit

i. G.: Abk. v. »im Generalstab«

gen, Emersleben, Schwanebeck, wieder zurück nach Genthin, Oschersleben, zu weit nach Süden: Quedlinburg. Fernsprechamt Halberstadt war gestört. Der Oberst veranlaßte, daß von Oschersleben Trupps in Marsch gesetzt wurden, um Nachschau zu halten. Sie näherten sich vielleicht Wehrstedt. Soweit die zivilen Leitungen. Die militärischen Verbindungen waren bis Quedlinburg intakt. Immer noch nicht hatte der Oberst mehr erfahren, als daß auf Halberstadt ein Terrorangriff stattgefunden hatte. Das aber wußte er auf Grund der Luftlagemeldungen.

Der Telefonist in Klein Quenstedt berichtete von einem »Rauchpilz über der Stadt«. Höhe und Breite des Pilzes konnte er nicht angeben. Sollte er ein Zentimetermaß ans Fenster halten?

Oberst Kuhlake wollte wissen, ob Lindenweg 14 noch stand. Er bewog einen Bauern, der am Stadtrand von Quedlinburg ein Gehöft hatte, anzuspannen und sich in Richtung Halberstadt in Bewegung zu setzen. Gutsbesitzer Dr. Arnold in Mahndorf, telefonisch von Kuhlake attakkiert, war bereit, vor die Tür des Gutshauses zu treten und nach Flüchtlingen aus Halberstadt Ausschau zu halten. Im Verlauf des Nachmittags zogen zahlreiche dahin. Sie wußten aber nichts über Lindenweg 14. Sie sagten: Das ist alles zerstört. Vermutungen, sagte der Oberst. Er hatte einen Lageplan der Stadt im Verhältnis 1:200 000 vor sich liegen, konzentrierte sich jetzt auf Befragung von Flüchtlingen, sandte die Telefonpartner mehrfach nach draußen mit präzisen Fragen: Zahl der Sprengbomben, Größe der Trichter, daraus ließ sich auf die Art der verwendeten Bomben schließen, Richtungen des Feuers usf. Das war für die mithörenden Telefonistinnen der Fernämter Magdeburg, Oschersleben, Genthin instruktiv*. Selbstverständlich war inzwischen vielen Vermittlungsämtern klar, daß es weder um »Blitz« noch um »Führerweisung« ging, sondern um die private Suche eines Obersten nach einem besten Freund

lehrreich, informativ

oder einer Verwandten. Vielleicht verbarg sich eine Frauenaffäre hinter seinen Mühen?

Der Oberst telefonierte in den Abendstunden auf 5 Leitungen, die zum Teil weit in den militärischen Geheimbereich einwirkten, hätte er dafür zahlen müssen, wäre er rasch arm geworden. Gegen 22 Uhr kam eine gerissene Telefonistin in der Quedlinburger Vermittlung auf die Idee, auf die ⌜SS⌝-interne Dienstleitung Berlin/München/Halle/Weimar/Buchenwald rückzuverlegen, von wo das Arbeitslager Langenstein, Telefonapparat Landhaus/Zwieberge, erreicht werden konnte. Über diese telefonistisch komplizierte Gesprächsstöpselung ließ Kuhlake durch Aufseher des Arbeitslagers in den Höhlen südlich von Halberstadt nach 2 Schwestern suchen, Besitzerinnen des Grundstücks Lindenweg 14. Es war wohl niemand da, auf den die durchgegebenen Namen paßten. Mehrfach kam die Rückantwort: Die sind alle tot. Bare Vermutung, sagte der Oberst.

Reden Sie nicht Stuß, ereiferte sich der Oberst. Er hatte die Stadtkarte vor sich. Aufgrund der sich vervollständigenden Eintragungen schien es ihm ganz unwahrscheinlich, daß der Lindenwegteil vom Brand erfaßt wäre. Ob aber Sprengbomben des dort abgeworfenen Typs mit Dickstahlmantel zu den Kellern durchgedrungen waren, stand dahin. Entweder weil er es sich so sehr wünschte oder weil er gelernt hatte, sich wie eine Maschine hart zu machen gegen die unzuverlässige Gerüchtebildung an der Front, also als ausgebuffter Generalstäbler nur der Karte glaubte, hatte sich in ihm die Vorstellung verdichtet, daß er nur weitersuchen müsse, um fernmündlich in Lindenweg 14 eine Lebensspur zu ermitteln. In einem Punkt trog seine Karte, wie sich später herausstellte, nicht: Der Brand erfaßte die Häuser in der Gegend von Lindenweg 14 nicht, weil dort eine Massierung von Sprengtrichtern, vermutlich Abwurffehler, eine Art umgegrabenes Steinfeld hergestellt hatte, das dem Feuer nicht attraktiv erschien.

Zusatz: Eine der engagierteren Telefonistinnen, die den Such-Roman am Vortag noch in sich bewegte, rief am folgenden Mittag im OKW an (unzulässig, da sie nur Anforderungen auf Telefonverbindungen entgegennehmen, von sich aus aber weder Verbindungen aufnehmen noch recherchieren durfte), teilte mit, daß eine bestimmte Telefonleitung, die nicht über die zerstörte Vermittlungszentrale in der Hauptpost, sondern über das Luft-Gau-Kommando Dessau geschaltet war, in die Verteidigungszentrale der Stadt im Rathauskeller führe. Die telefonische Kontaktmessung ergab, daß die Leitung bis zum Empfänger hin in Ordnung war. Es nahm aber dort niemand ab. Danke verbindlichst, sagte der Oberst. Versuchen Sie es ständig.

Beide Menschen hatten nicht vor Augen, daß die technisch intakte Anlage, von der Teilzerstörung dieses Kellers um 11.38 Uhr, 8. April, nicht mitbetroffen, unter einem 12 Meter hohen Schutthaufen lag, der beträchtliche Hitzegrade abstrahlte. Es war darunter ein Schrottwert von intakter Technik vergraben. Im Umkreis mehrerer Kilometer kein Lebewesen, das reden konnte, weder Mäuse noch Ratten. Lediglich das Technische, hier: gehäuftes Telefongerät, gab Rückzeichen, wenn es von Magdeburg, Oschersleben oder Quedlinburg mit Prüfgerät elektrisch kontaktiert wurde. Eine Art Schatz.

[Die Lage auf den Märkten[17]]

Fischmarkt:

Hackerbräu durch Sprengbomben verwüstet, brennt aber nicht. Auf dem Markt selbst kleinere Trichter, Pflaster zum Teil aufgerissen. Das vier Stockwerke hohe Gebäude an der Nordseite mit Café Westkamp durch Sprengbombe getrof-

17 Nach Werner Hartmann, Die Zerstörung Halberstadts am 8. April 1945, in: *Veröffentlichungen des Städt. Museums Halberstadt, Nordharzer Jahrbuch II* (1967), S. 39–54.

fen, schwere Sprengbombenschäden zwischen Straße Hinter der Münze und Fischmarkt. Fischmarktausgang des Rathauses durch Trümmer verschüttet, Sprengbomben-Volltreffer in Teile des Rathauskellers, Dächer sind abgedeckt. Vom Büttner-Haus her brennt links Hackerbräu, rechts Gotisches Haus. Häuser zwischen Martiniplan und Rathaus. Ab 15 Uhr *Feuersturm*.

Holzmarkt:

Unmittelbar nach Angriff stehen Holzmarkt, Schmiedestraße, Franziskanerstraße zwar mit Schutt bedeckt, aber scheinheilig intakt. 30 Minuten nach Angriff brennt Haus Nr. 4 (Stelz-Fuß), Rats-Apotheke, vom Laboratorium (Hinterhaus) her, sowie das Obergeschoß der Kommisse. Schmiede-Gildehaus, Kellerinsassen durch Sprengbombe erschlagen, brennt 50 Minuten später. Nimmt ab 15.30 Uhr am Feuersturm teil.

[Lage Schmiedestraße]

Kurz nach dem Angriff noch passierbar, Eingänge durch Trümmerkegel versperrt, gegen 14 Uhr brennt sie in ihrer ganzen Länge. Brandmeister Tütschler hält sich noch 13.25 Uhr im Kaufhaus Köppen auf, plant Aufräumung der Warenbestände. Starke Hitzeentwicklung bei Brand der Hof-Apotheke. Sprengbomben-Volltreffer im Mittelbau der Post, insbesondere Telefonvermittlung, Postgebäude nimmt aber später am Brand nicht teil.

Die Derenburger Feuerwehr greift gegen 15 Uhr die Brandschneise Schmiedestraße mit 8 Schläuchen an. Sie erhält Befehl, eine Wassergasse zu legen, durch die Einwohner aus der brennenden Stadt hinausgelangen, eine »Wasserwolke« von etwa 80 Metern wird über die Menschen auf Fahrdamm Schmiedestraße gelegt.

Eine Gruppe von 60 Bewohnern, die vor Kaufhaus Köppen nicht weiterkommt, wird um 17 Uhr (nach Aufforderung, alles Mitgebrachte in die Flammen zu werfen) aus inzwischen 12 Rohren, Verstärkung durch Berufsfeuerwehr Dortmund, unter einem Dauerstrahl gehalten, d. h. etwa 2 Stunden so bewässert, daß Mäntel und Kleidung Feuchtigkeit haben. Danach: Fassade des Kaufhauses Köppen, auf Fahrdamm gestürzt, kann jetzt von den 60 überstiegen werden.

[Lage Domplatz]

Häuser der Ostseite, Nr. 21–29 von Burgtreppe her entzündet, das Feuer »kriecht« herauf. Kustos* Frischmeyer rettet das Gleimhaus, indem er sich Hilfe durch 3 Mann Feuerwehr verschafft. Warum haben wir eigentlich diese paar Ölgemälde und wackeligen Tische retten sollen? fragen die Helfer. Was war hieran wichtig? Frischmeyer: Das Andenken Gleims*. Die Feuerwehrmänner kennen das kulturelle Erbe Halberstadts nicht, waren entschlossen tätig.

Museumsmitarbeiter

Vgl. Kommentar, S. 99.

Das Haus Domplatz/Ecke Tränketor brennt. Die Besitzerin rennt, um Löschpersonal anzufordern. Sie verspricht jedem Helfer mehrere Pfund Schabefleisch* aus Schlachterei Steinrück, Vogtei, erhält so 2 Löschkräfte. Dom und Liebfrauenkirche durch mehrere Sprengbomben getroffen, wird erst in den folgenden Tagen bemerkt, da Bauten unerschüttert erscheinen. Es ist der äußere Eindruck der relativ großen Türme.

Sehr feines Hackfleisch; wird für Tartar verwendet

Familie Beinert, Domplatz: Das bleierne Pestkreuz* vom Ostgiebel des Doms war heruntergestürzt und lag vor unserer Haustür. Ich versuchte es zu bergen, war wegen des hohen Gewichts unmöglich. Es war aber wertvolles Altmaterial, und in normalen Zeiten wäre mancher scharf darauf gewesen, es vom Domdach nachts herunterzuholen. Ich hatte schon mehrfach einen Blick darauf geworfen. Jetzt lag es da, war aber nicht zu bewegen.

Kreuz zum Andenken an die Opfer der Pestepidemien

[Lage Heinrich-Julius-Straße/Lindenweg]

Durch Sprengbomben »auf besonders ekelhafte Weise«

Straßenbahnschienen und Straßenpflaster aufgerissen, Schienen in die Luft gebogen. Trümmerwälle. Dazwischen Palmenbäume, Pflanzenzeug aus dem Blumenladen Scilla Witte. Fackelbildung in den Dachstühlen.

[Verhältnis der Ereignisse zur Klavierstunde]
Der Junge Siegfried Pauli, 14 Jahre, hatte bis Sonntag, 8. April, Blatt 59 von ⌜»Sang und Klang«⌝ so eingeübt, daß er nur gegen Ende des Stücks ⌜*Lied des Falstaff*⌝ »Wie freu' ich mich, wie freu' ich mich, wie treibt mich das Verlangen ...« an einer Stelle stockte oder verlangsamte, aber über ¾ des Stücks konnte er mit der Vorschrift entsprechend gewölbter Hand runterspielen. Er wollte jetzt möglichst schnell dieses Stück der Klavierlehrerin, Fräulein Schulz-Schilling, zuliefern und zur nächsten Seite oben vorstoßen, Fingerübung von ⌜Clementi⌝, danach ⌜Arie⌝ der Gilda aus Rigoletto*. Die Stunde war für 15 Uhr anderntags, Montag, angesetzt. Der Angriff kam dazwischen. »In 5 Meter Entfernung von unserem Keller ist eine Sprengbombe eingeschlagen«, erzählte Pauli. Diese Ereigniskette, Angriff, Flucht zur Langen Höhle, Rückkehr in die zerstörte Stadt, das Haus, in dem der Flügel, an dem er übte, im ⌜Herrenzimmer⌝ stand, niedergebrannt, konnte keinen Einfluß auf die gewonnene Fingerfertigkeit haben oder auf Siegfrieds Willen, zu Blatt 60 vorzudringen. Die Klavierlehrerin, die er ja noch am Nachmittag des Angriffstags zwischen hin und her rennenden Einwohnern in der Wernigeröder Straße traf, weigerte sich, unter Hinweis auf die Zerstörung der Stadt, die Montagsstunde abzuhalten. Pauli fand aber in seinem unzerstörten Willen eine Villa Ende des Spiegelsbergen-Wegs, in der ein Flügel stand, auf dem er das studierte Stück so lange abspielte, bis er ohne merkbares Stocken über die wackelige Stelle kurz vor Schluß kam. Er übte diese Stelle einzeln, immer nur die prekären* Takte, 2 Stunden lang, bis die Villenbesitzer es nicht mehr hören wollten.

Oper v. Giuseppe Verdi (1813–1901) aus dem Jahr 1851

heiklen, schwierigen

[Karl Lindau, wohnhaft im Seidenbeutel Nr. 8, Heizer, von Arbeitsstelle Hauptmann-Loeper-Straße 42 kommend]

Warf sich in den Vorgarten der Taubstummen-Anstalt, von der Umzäunung waren nur die hohen Steinsockel übrig, die Eisenzäune gespendet. Es hätte Lindau nicht an Mut gefehlt, wenn er mit seiner Hände Arbeit auf das Beschmissenwerden mit Sprengbomben, die Straßen und Gärten umpflügten, hätte antworten können. Er konnte aber darauf so wenig antworten wie auf »eine wahnsinnig gewordene Lokomotive oder Maschine«. So drückte er sich an den Grasboden.

Später fand er zum Keller der Taubstummen-Anstalt. Er wollte sich gern nützlich machen, sah nach dem Heizkessel – eventuell mußte man mit einigen kräftigen Eimern Wasser oder mit Sand das Kesselfeuer löschen oder die Heizwasserrohre nach draußen wässern.

Er konnte aber mit Schraubenzieher und Hammer, davon hatte er jetzt wenigstens einiges in der Hand, nichts gegen die Flugmaschinen oben, die sich erneut näherten, ausrichten, so wie er mit diesen Werkzeugen nicht Ohren und Münder der gestikulierenden Taubstummen »öffnen« konnte. Hier bestand eine schreckliche Grenze für seine Arbeitskraft. Lindau war in den Vormonaten mehrfach im Zusammenhang eines Bombenentschärfungstrupps eingesetzt worden. Zu mehreren Kollegen fürchtete er sich niemals, sondern vertraute auf seine Ruhe und seine Geschicklichkeit. In der augenblicklichen Lage, die nun schon 20 Minuten währte, hätte er sich aber auch dann gefürchtet, wenn nicht hilflose Stumme, erschreckt durch die Bodenerschütterungen, die sie wahrnahmen, um ihn herum gewesen wären, sondern 16 stämmige Kollegen gleichen Kalibers wie er und in allen Werkbereichen erfahren. Es war kein *Arbeitsansatz*.

[Eilunterbringung der Verwundeten des Reservelazaretts, Höchststand der Improvisation] Durch Übersteigen von Trümmerfeldern, immer in der Mitte zwischen brennenden Häusern, erreicht von Schroers, jetzt nachrichtengesättigt, den Lindenweg in Höhe der Roonstraße. Hier ist er erstmals ratlos, die Ereigniskette kann ja kein Ende finden, da die Entwarnungssirenen zerstört sind (erst viel später begegnete er einem Kraftfahrzeug der Partei, auf dem eine mit Handkurbel zu betätigende Entwarnungssirene befestigt ist). Er kann nun weder rückwärts in die Heinrich-Julius-Straße noch Lindenweg oder Roonstraße laufen, da die Brandherde feste Grenzen setzen. Er läuft also über den Totenacker, alter katholischer Friedhof, einmal schon grundlegend umgewälzt, als dort Löschteich 4 gebaut wurde, jetzt durch pratzige* Trümmer erneut umgewürfelt. Er läuft hier nicht gern, nicht wegen der Zäune, der vollständigen Unebenheit, sondern weil er mit Blindgängern oder Zeitzünderbomben rechnet. Der Löschteich, offenbar getroffen, ist ausgelaufen; von Schroers watet im Matsch der Gräber, hat erst auf Höhe des Trümmerhaufens Capitol wieder festen Boden unter den Füßen.

gewaltige

Dachstuhl und dritter Stock seines sogenannten Vaterhauses, Hohenzollernstraße, brennen. An sich wäre Löschwasser im Teich Bismarckplatz vorhanden, aber Pumpaggregate fehlen. Er schleppt Mobiliar, Bettzeug, Instrumente aus den Praxisräumen des Vaters auf die Straße, verfertigt einen großen Zettel, den er an die Ware anheftet.

Unabweisbar, daß er sich im Standortlazarett Quedlinburger Straße melden muß. Das Lazarett wird von Süden her gegen die Brände mit mehreren Feuerlöschzügen verteidigt. Oberstabsarzt Ehrenbruch und von Schroers lassen Sankas (Sanitätskraftfahrzeuge) mit geretteten Verwundeten beladen. Die Transporte fahren zu den Klus-Bergen, halten vor den Höhleneingängen, in denen Tragflächenproduktion für Flugzeuge stattfindet. An Werkzeugmaschinen in einigen Ecken sind Monteure noch tätig.

Wo legen wir die Verwundeten hin, Herr Kamerad? fragt der Transportoffizier. Es kämen Werkzeugbehälter in Betracht, ziemlich kalte Betten, die auch an Särge erinnern. Deshalb löst von Schroers das Lagerungsproblem lieber dadurch, daß jeweils 8 Verwundete auf die in den Höhlen in langen Reihen aufgestellten Ju–52-Tragflächen* gelegt werden. Sie können dort miteinander reden, sich aneinander wärmen, wenn sie näher zueinanderrücken, sind übersichtlich abzuzählen. Nicht gelöst ist die Frage der Zudecke oder Unterlage.

Standardtransportflugzeug der Luftwaffe im 2. Weltkrieg, hergestellt in den Junkerswerken

Von Schroers muß jetzt dringlichst zum Elysium*. Es ist ja überhaupt nicht klargestellt, ob die ihm sanitätsdienstlich unterstellten Gefangenen dort überhaupt überlebt haben. In großer Umgehung fährt von Schroers im Sanka über Langenstein und Rittergut Mahndorf in die Stadt ein, dringt zum Elysium vor. 12 Schwerstverletzte, 2 Tote, der Rest ist um 2 Kochkessel versammelt. Er läßt den Schwerstverletzten von den Schwestern Spritzen geben, damit sie eine Weile still sind. Es ist selbst dem neuerungssüchtigen von Schroers zuviel, er will die Ereigniskette zeitlich strecken.

Vergnügungslokal in Halberstadt

[Einsatz des Chefs des Roten Kreuzes, zugleich Chef der NSV] Er schlug sich von Hardenbergstraße zur Verteidigungszentrale ins Hephata-Heim durch. Da kommen die zivilen Retter, sagte Oberst Wurtinger. Detering gab ihm keinen Blick. Es war gegen 13 Uhr, 1 ½ Stunden Verspätung. Wo sind denn nun Ihre Fahrzeuge und Leute? Die waren, da kam er ja her, nachdem er seine Wohnung Kühlingerstraße während des Angriffs verlassen und sofort Richtung Hardenbergstraße 18–20 gejagt war (das wurde hier nicht anerkannt), dem Massaker nicht entkommen. Er war ja selbst nur entkommen, weil er 20 Meter vor dem Ziel auf dem Bauch lag, Asphalt unter sich, Gulli neben sich, konnte die Volltreffer in die Rotkreuz-Einsatzstelle direkt sehen.

Mit Ausnahme eines Fahrzeugs, das sich zur Zeit des Vollalarms auf Einsatzfahrt zum Huy* befand, keine Fahrzeuge oder Leute gerettet, sagte er. Und wo ist das eine Fahrzeug? Er konnte keinen Ort angeben. Er hoffte nur, daß wenigstens die freiwilligen Helfer, da wo sie zur Zeit der Katastrophe standen, eingriffen. Er bat um Boten, z. B. ⌜Pimpfe⌝ zu Fahrrad oder zu Fuß, um diese Einsätze nachträglich, wenigstens für Berichtszwecke, zu zentralisieren. Wird ihm abgeschlagen. Sie sind verrückt, sagt der Oberbürgermeister.

Höhenzug in der Nähe v. Halberstadt

Er entfernte sich aus dieser »Baracke wechselseitiger Vernichtung«, wo mehr oder weniger ausgesprochen nach Schuldigen gesucht wurde. In der Rettungsstelle I, Plantage, war er aber auch überflüssig. Schwerverletzte auf Tragen oder in Decken warteten in großer Gruppe außerhalb. Die diensthabenden Ärzte und Sanitäter bissen den Chef weg. Er fuhr mit Dienstfahrrad bis Wegeleben, wo er telefonische Verbindung nach Quedlinburg erhielt und den »einzigen vernünftigen Befehl des Tages« gab: Schicken Sie alle Ihre Sanitätskraftfahrzeuge sowie Helfer und Ärzte, die Sie auftreiben können, über Reichsstraße 12. Ich erwarte die Kolonne Abzweigung Wegeleben. Gegen 18 Uhr fuhr die Kolonne durch das Dorf. Er überschwemmte noch am Abend Hephata-Heim und Rettungsstellen I-IV mit dieser Fülle von Personal, für das an keiner Stelle Platz war. Aus Mahndorf kamen 87 Mann freiwillige Helfer in 12 Fahrzeugen, brachten beschmierte Brote, Kochkessel mit vorgekochtem Kaffee. Der Chef befehligte diesen Troß* von der Rettungsstelle IV, Gröperstraße her zu den Stadteinstiegsstellen hin. Umgeben von sichtbarem Erfolg erreicht ihn 1 Uhr nachts die Absetzung wegen Unfähigkeit, datiert aus den Nachmittagsstunden. Er hatte einen entscheidenden Fehler gemacht, bloß aus gutem Willen: Er hätte, statt Hilfe heranzuschaffen, im Hephata-Heim bleiben müssen, wo in den Stunden seiner Abwesenheit die Schuld auf Einzelschultern verladen wurde.

Die Truppe mit Verpflegung u. Munition versorgende Begleitmannschaft

[Der Einsatz der Feuerwehren]

Ich bin als Berufsfeuerwehr-Offizier von Köln hierher versetzt. Mir unterstehen die Halberstädter Wehr, die freiwilligen Wehren aus Derenburg und Wegeleben sowie Teilkräfte der vom Rückzug erfaßten Berufswehren aus Hanau/Main und Dortmund. Das ist alles an den Befehlsstrang Hephata-Heim, Wasserturmstraße, angebunden und ist nach Versammlung dieser Kräfte, die ja mit Vollalarm aus der Stadt herausfahren, ab 13 Uhr von mir eingesetzt. Richtig ist es, die Gesamtkräfte an den Stadtausgängen zunächst festzuhalten und bis zum Eingang einigermaßen zutreffender Informationen über das *Was*, *Wie*, *Wo* und *die Richtung* der Brandherde *nicht* einzusetzen.

Aber versuchen Sie mal diese Vorgehensweise durchzuhalten gegenüber einem nervösen Oberbürgermeister, den Stadt-Juristen, den Vertretern der Partei usf. Deshalb muß schlagartig, d. h. also in vollem Gegensatz zu den Grundprinzipien der Schlagartigkeit, viel zu früh, ein Angriff auf die Feuerfläche stattfinden.

Sehen Sie, wenn ich ganz unsentimental und fachlich von Anfang an auf Schwerpunkt hätte gehen können, wäre der Derenburger Angriff auf Schmiedestraße nach meiner Ansicht bis Martiniplan oder Holzmarkt vorgetrieben worden. Eine wirklich interessante Sache, weil der Angriff ja in der verzettelten Form rasch liegenblieb. Aber in Schwerpunktform, vielleicht nicht eher als 15 Uhr, oder sagen wir 14.30 Uhr, mit allen Kräften, außer denen am *Kulk* oder bei *Mooshake* vorgetrieben: vielleicht hätten wir das Feuer trennen können. Sie müssen immer den Kamin-Effekt beurteilen. Wenn die Lohe* bis 12 km Höhe steigt, saugt sie in Bodennähe die Kaltluft an, und sie hat den Kamin, den muß ich nun angreifen. Das ist *immer* aussichtslos.

Erhitzte Luftsäule

Wasserführung: Holtemme, Kulkgraben, Torteich, Wasserbecken des Hallenbades, Löschteiche. Die erfolgreiche Kulkplatz-Gruppe fuhr nachts geschlossen auf eine Stunde ins Hallenbad, wo das Becken noch knietief Wasser hatte. In der dreckigen Plörre* wälzten sich die Männer eine Weile und waren dann schon wieder einsetzbar, weil sie einen *Genuß* gehabt hatten.

Die Spritfabrik wurde verteidigt, weil ich für die Männer Zuführung von Getränken vorausschauend benötigte. Ganz anders die Getreidelager, die den Brand in eine Flankenstellung in Richtung des Salvator-Krankenhauses gebracht hätten. Da brauchten wir nur noch etwas Ostwind und es wäre zur Katastrophe gekommen.

Selbstverständlich hätte ich das Theater retten können. Eine Gruppe von Löschfahrzeugen zum Theater, insbesondere zum Rückteil, der vom Breiten Tor her gefährdet ist, wo die brennbaren Kultgegenstände, Ambosse, Lindwürmer, Holzrüstungen, nachgeahmte Papphäuser usf. lagerten. Das war eine klare Entscheidung: muß man abbrennen lassen. Ich konnte ja aus einem einfachen Grund die Männer nicht noch weiter verzetteln, da Klein-Gruppen von Wehren sich nirgends halten. Sie müssen die Arbeit der anderen sehen, auch den Eindruck haben, daß sie sich in größerer Gruppe selber heraushauen, damit sie überhaupt sich auf Löschangriffe einlassen.

Sie verstehen das wahrscheinlich fachlich nicht richtig. Rein fachlich waren wir ja durch die Flächenbrände in Hamburg, Darmstadt, Köln, das wird auf Schulungen ausgetauscht, fachlich gewachsen. Das Feuer puste ich Ihnen grundlegend wieder aus. Vorausgesetzt, ich setze den Angriff mit wirklich überzeugenden Kräften, also Berufswehren von 6-8 Großstädten, genau in dem Zeitpunkt an, kurz vor Entstehen des Feuersturms.

Praktisch können wir aber in dieser »einzig glückhaften« Phase gar nichts tun. Entweder die Wehren liegen nicht an den befohlenen Punkten, haben sich zum Teil verfahren oder sind schon vorzeitig in aussichtslose Feuerfallen geleitet usf. Wir sind Physiker, die man nicht läßt. Wir müs-

* Hier: unsauberes Wasser

sen Trümmerrichtung, Sortierung der Sprengeinschläge, Fallrichtung der Brandzünder, Windrichtung, Fallrichtung der Häuserfassaden, zahllose Einzelinformationen über Brennbarkeit von Häuserinventar kennen, um uns in unserem Fachwissen ausbreiten zu können. Das wäre sicher der Fall nach der 16. Brandkatastrophe einer Stadt, gesetzt daß Bevölkerung und Administration* lernen.

Verwaltung

Sie dürfen nicht denken, daß wir dazu mit dem Stadtplan viel anfangen könnten. Vielmehr: Brandgüteverzeichnis des umbauten Raums, Planskizzen der Brandmauern, Altersschätzung des verbauten Steins. Das wird in diesem Krieg nicht mehr gelernt.

Woher ich das mit dem Theater weiß? Ich bin da durchgegangen, habe mir den sogenannten Fundus* betrachtet, mit meinen starken Taschenlampen das leere Parkett betrachtet. Ich war auch noch im ersten Stock der Kommisse* und habe das Stadtarchiv gesehen. So sehe ich in den Städten quasi als letzter die wertvollen Besitztümer der Stadt, nehme Abschied, stelle auch mal Schätzwerte fest. Sonst kümmert sich ja keiner um eine solche Gesamtschau des Besitztums, da die Einwohner jeweils mit dem Eigenbesitz befaßt sind. Ich nehme gewissermaßen stellvertretend für Oberbürgermeister, Partei, Luft-Gau-Kommando und Einwohner von der nach dem Angriff im wesentlichen doch noch dastehenden Stadt Abschied und gebe dann den Brand frei, weil ich weiß, daß die Mittel, ihm zu widerstehen, nicht schwerpunktmäßig organisiert sind.

Sammlung v. Gegenständen wie Kostümen, Kulissen o. Requisiten

Ein 1596 in Halberstadt errichtetes Gebäude

[**2 Zentner Wursthüllen**] Die Unternehmerin Tittmann konzentrierte sich sofort nach Abfliegen der letzten Silber-Rotte des Feindes auf die Auslagerung von 2 Zentner Wursthüllen, die sie aus dem Lager Quedlinburger Straße, das gleich nach dem Auszug der letzten Handwagen-Ladung vom Brand erfaßt wurde, in die Schützenstraße verfrachtete. Sie war auf diese Wursthüllen aus einem darmähnlichen Kunststoff mit der Bezeichnung »Spezial Seidendarm« so scharf gewesen, hatte sie am Freitag gegen Reichsmark, verstärkt um 5 Pfund ungebrannten Bohnenkaffee, gekauft und wäre entsetzt gewesen, sie verbrannt zu wissen. Neunmal führte sie den Zug von 3 Handwagen, die man öfter heben mußte als schieben konnte, durch Brandschneisen zum Hinterhof und Kellergelaß Schützenstraße 12. Das war mühselig, aber die Därme bedeuteten etwa 6 000 Hüllen um echtes Wurstfleisch, für die sie mindestens 200 Würste im Tausch erhalten konnte, um sie wiederum gegen Ware zu vertauschen. Die stark stinkenden Kisten sicherte sie durch 5 Vorhängeschlösser und einen Schäferhund, der das Kellergelaß in der Nacht bewachte. Es war Schwarzware* und würde in einigen Wochen wieder zu anderer Schwarzware werden, die dann wesentlich leichter zu lagern war.

Ware, mit der auf dem Schwarzmarkt gehandelt wird

[Die Sonne »lastet« über der »Stadt«, da ja kaum Schatten ist] Über den zugeschütteten Grundstücken und den durch die Trümmerwelt verwischten Straßenzügen ziehen sich nach einigen Tagen Trampelpfade, die auf legere Weise* an frühere Wegverbindungen anknüpfen. Auffällig ist die Stille, die über der Trümmerstätte liegt. Die Ereignislosigkeit trügt insofern, als in den Kellern Brände noch leben, die sich von Kohlenkeller zu Kohlenkeller zäh unterirdisch dahinziehen. Viel Krabbelgetier. Einige Zonen der Stadt stinken. Es sind Leichensucher-Gruppen tätig. Ein strenger, »stiller« Geruch nach Verbranntem liegt über der Stadt, der nach einigen Tagen »vertraut« empfunden wird.

auf lockere Art

⌜»Man sieht, wie die Geschichte der *Industrie* und das gewordene *gegenständliche* Dasein der Industrie das *aufgeschlagene* Buch der *menschlichen Bewußtseinskräfte*, die sinnliche vorliegende menschliche *Psychologie* ist …«⌝

Besucher vom anderen Stern

Ende Mai kam ein Besucher, James N. Eastman jr., nach Halberstadt, im Auftrag jener Gruppe von Stabsoffizieren, die später das ⌜Albert F. Simpson Historical Research Center⌝, Maxwell Airforce Base, Alabama, errichteten. Er suchte alle Städte auf, »die an Bombardierungen teilgenommen hatten«, um Material zu sammeln für eine grundlegende psychologische Studie. Der Verbindungsoffizier zum Oberbürgermeisteramt führte ihn bei den zivilen Stellen ein, er brachte Verpflegungspakete mit, »um die Zungen zu lösen«.

Das war nun kaum nötig. Die Leute redeten alle ziemlich gern. Er wußte aber praktisch schon alles im voraus. Er kannte die Redensart: »An jenem furchtbaren Tag, an dem unsere schöne Stadt dem Erdboden gleichgemacht wurde« usf. Die Spekulationen nach dem *Sinn*, die »stereotypen* Erlebnisberichte«, er hatte diese gewissermaßen fabrikmäßigen Phrasen*, die sich aus den Mündern herausfütterten, schon gehört in Fürth, Darmstadt, Nürnberg, Würzburg, Frankfurt, Wuppertal usf. Redeten sie, um Verpflegungspakete zu erhalten? Er war in einer Villa einquartiert, die innerhalb der Absperrung für das Militärpersonal im Spiegelsbergen-Weg lag.

schematischen, gleichförmigen

Floskeln, leeren Redensarten

Ach, Sie waren am 8. April mit da oben? Wie sah das denn von da aus?

Er hatte erwartet, Haßgefühle zu ernten, irgendeine Reaktion, die ihn in die Feindesfront einreihte. Die Bewohner, die er befragte, wendeten sich weder gegen ihn noch gegen den Angriff.

Sie hatten sich in der elenden staubigen Gegend eingerichtet, an den Rändern der Zerstörung, an denen sie siedelten wie an einem ausgetrockneten See.

Es lag aber eine gewisse Traurigkeit über dem Ganzen. Auf die Frage: Würden Sie in die USA auswandern, antworteten 82 % mit: Gern! Wann geht denn das? Sie flunkern. Es geht doch gar nicht. Es war klar, sie wollten, wenn sich schon alles im Wechsel befand, den Wechsel zügig fortsetzen, sie wollten weg.

Versuche zum Wiederaufbau waren, auch dort wo Materialien nachgewiesen wurden, nicht festzustellen. Ganze sechs Versuche in der Stadt, auf zerstörten Grundmauern ein Dach für einen 1. Stock zu errichten. Alle diese Fälle obere Mittelschicht. Bei unterer Mittelschicht und Unterschicht keine Versuche von Bauwillen …

Die Pointe seiner Arbeit ging von der Annahme aus, daß diese nicht notwendigen Bombardements zähe Feinde schüfen, die nicht aufhören würden, auf Rache zu sinnen, also eine Wiederauflage der ⌜Versailles⌝-Denkform, mit der die Nachkriegspolitik der Alliierten zu rechnen hätte. Die Hypothese ließ sich nicht bestätigen. Ob er noch ein Stück Kuchen haben wollte. Ja. Die Befragte hatte Kuchen aus Emersleben.[18]

Die Frage, ob die Betroffenen das noch mal mitmachen wollten, war naiv gestellt, sie war in die Fragebogen eingearbeitet als Meßziffer für die *Lügenskala*. Ob die Befragten lieber Selbstmord begehen würden? Man weiß ja nicht, ob es einen trifft. Selbstmord wäre wohl immer zu früh. Was das nächst Schwerwiegende wäre, das sie eingehen würden, um einem Luftangriff zu entgehen? – Es kommen jetzt

18 Er wußte dann doch, wie er eine tiefere Aktivität messen könnte: Er mußte nur Wertvolles, z. B. Geschenke, auslegen nach Art einer Mausefalle, sich entfernen (er konnte Sicherungen anbringen, die überwunden werden mußten). Also etwas Klaubares »offen versteckt« oder durch Vorkehrungen geschützt den »Befragten« hinlegen. So konnte er in Form der Wegnahme-Energie (wie rasch es geklaut war) Tiefenaktivität, er nannte das »Produktionsenergie«, abhängig von der Fähigkeit, »Bedürfnisse zu produzieren, also im Grund: Bedürfnisenergie« feststellen. Hier signifikante* (deutlich wahrnehmbare) Unterschiede auf seiner Skala. Bei *überragend Betroffenen* oder *gar nicht Betroffenen* von Bombardierung: relativ geringe Energie im Sinne des Habenwollens. Bei allen Mittelwerten der Betroffenheit: hohe Energieausbeute bis zum Versuch der offenen Beraubung, Ringen mit dem Befrager z. B. um eine Schachtel Tabak. Im Ergebnis haben alle geklaut, aber die Messung der Zeiten, des erfinderischen inputs* ((engl.) Beitrags, Einsatzes), insbesondere die Messung der Schrankenüberwindung *höchst unterschiedlich*.

wohl keine Bombardements mehr. Die Situation lag 100 Jahre zurück.

Vom Stadtarchivar forderte er eine Liste aller Brände der Stadt seit 1123. In der Liste war der 8. April 45 »vergessen«. Aufgeführt 44 Großbrände, Mehrzahl davon im Mittelalter. Der Mann barmte* über jeden dieser historischen Brände, insbesondere über zerstörte Kunstschätze in Kirchen.

jammerte, lamentierte

Eine andere Methode: Freies Berichten, was die Befragten am Angriffstag gemacht hätten, meist kam nach anfänglichen wahrnehmungsleeren Phrasen eine exakte Beschreibung des Fluchtwegs. Oder daß Tieflieger am 11. April, »dem Tag, an dem Ihre Panzer die Stadt besetzten«, sehr tief und »spähend« über das Trümmergelände flogen.[19]

Es ließ sich nicht unterscheiden, ob sie rachsüchtig waren. Abgesehen von einer Tiefenschicht, die er vielleicht nicht erreichte (irgendwie funktioniert die Lügenskala nicht), waren sie öd und leer wie die Stadtfläche, über der die Sonne brütete. Hatten wir uns Freunde unserer Nation herangebombt?

Es schien ihm, als ob die Bevölkerung, bei offensichtlich eingeborener Erzähllust, die psychische Kraft, sich zu erinnern, genau in den Umrissen der zerstörten Flächen der Stadt verloren hätte.[20]

19 Aussage eines Gymnasiallehrers, zur Zeit Leichenbestatter-Gruppe, Fachgebiet Latein, Physik, Biologie, PG* (daher jetzt Leichenbestatter-Kommando): »2 junge Frauen, Schwangere, wohnhaft Krebsschere, die sich zur Flucht zusammengetan haben. Ohnmacht. Frühgeburt bei verbrennendem Körper. Das neue Leben verbrennt ebenfalls. ... Ehrfurchtsvoll lassen wir dieses Grauen noch einen Tag auf der Straße liegen.«

Parteigenosse, Mitglied der NSDAP

20 Stichwort: »Jetzt brauchen wir uns nicht mehr zu sorgen, denn wir haben ja nichts mehr.« Wie sollte der arme Eastman die Klangfarbe dieses Satzes protokollieren? Er hatte ja auch nur seinen Eindruck, konnte die qualitative Äußerung nicht in Obertöne, Anteile von Jauchzer, Traurigkeit usf. zerlegen. Er hatte

Qualitative Antwort einer Befragten: »An einem gewissen Punkt der Grausamkeit angekommen, ist es schon gleich, wer sie begangen hat: sie soll nur aufhören.«

aber den Eindruck, daß befragte Person, wie vorher schon viele andere, »Vaterstadt«, verlorene Tote, ein Familien-Grundstück, abgebrannte Nachbarschaft usf. nicht nur positiv, sondern auch mit Protestgefühlen besetzt hatte, so daß sie einerseits von Traurigkeit bewegt, andererseits recht froh war über den »eingetretenen Wandel«. Auf keinen Fall wollte Eastman zynisch erscheinen, insofern fühlte er sich bei der Auswertung der Aussagen stark gehemmt.

Kommentar

Zu Alexander Kluges Leben und Werk

Alexander Kluge wird am 14. Februar 1932 als erstes Kind von Alice und Ernst Kluge in Halberstadt geboren. Seine Schwester Alexandra kommt am 2. April 1937 auf die Welt. Kluge wächst in Halberstadt in bürgerlichen Verhältnissen auf. Sein Vater (1892–1979) ist in der Stadt ein anerkannter Arzt und Geburtshelfer und noch heute bei vorwiegend älteren Leuten in guter Erinnerung. Auch Alexander Kluges Großeltern väterlicherseits, Carl Kluge (1857–1942), von Beruf Rechnungsrat, und Hedwig Kluge (1864–1942), wohnen in Halberstadt. Alice Kluge (geb. Hausdorf, 1908–1981) stammt aus Berlin. Alexander Kluges Eltern lassen sich 1943 scheiden. Alice Kluge heiratet daraufhin den Rechtsanwalt Ernst Schneider (ebenfalls aus Halberstadt), mit dem sie bis zu seinem Tod 1964 zusammen in Berlin-Charlottenburg lebt. Alexander Kluge zieht 1946 zu seiner Mutter und ihrem neuen Mann nach Berlin. 1949 beginnt er in Marburg ein Studium der Rechtswissenschaft und Kirchenmusik. Seine Schwester Alexandra bleibt bei ihrem Vater in Halberstadt, sie geht 1957 in den Westen und wird Ärztin.

Alexander Kluge promoviert in Marburg 1956 mit der Arbeit *Die Universitäts-Selbstverwaltung. Ihre Geschichte und gegenwärtige Rechtsform*. Ein für sein Leben wichtiger Entschluss ist der Umzug nach Frankfurt am Main, wo er eine Station seines Referendariats im Kuratorium der Frankfurter Universität ableistet. Er studiert in Frankfurt im Zweitstudium Geschichte und kommt mit den Protagonisten der Kritischen Theorie in Berührung. Kluge wird Mitarbeiter von Hellmut Becker (1913–1993), dem Rechtsanwalt und Bildungsforscher, der damals Rechtsberater am Institut für Sozialforschung war. Theodor W. Adorno (1903–1969), mit dem Kluge eine enge Freundschaft verband, vermittelt ihm 1958 ein Volontariat bei dem Regisseur Fritz Lang (1890–1976). Dabei handelt es sich um die Dreharbeiten zu den Filmen *Das indische Grabmal* und *Der Tiger von Eschnapur* (beide 1959). Die Erfahrungen dieses Volontariats bestärken Kluge in der Idee des Autorenfilms, einer Methode des Filmemachens, bei der die ästhetische Verantwortung in den Händen

Umzug nach Frankfurt am Main

Volontariat bei Fritz Lang

einer Person liegt. Kluges Interesse gilt aber weiterhin auch der Literatur. 1962 erscheint sein erstes Buch *Lebensläufe*, das von der Kritik positiv aufgenommen wird. Im selben Jahr liest der Autor erstmals bei einem Treffen der »Gruppe 47«. Außerdem kommt es am 28. Februar 1962 bei den »8. Westdeutschen Kurzfilmtagen« in Oberhausen zur Erklärung des »Oberhausener Manifests«, zu dessen Unterzeichnern Kluge gehört. Mit dem Schlagwort »Papas Kino ist tot« wird eine Erneuerung des deutschen Films gefordert und der Unterhaltungsfilm der 1950er Jahre bekämpft. Denn bei diesen maßgeblich von der Produzentenseite bestimmten Filmen stehen nicht künstlerische Ambitionen im Vordergrund, sondern die Unterhaltungsbedürfnisse der Zuschauer und die Wirtschaftlichkeit des Filmprojekts. Nach kommerziell bewährten Mustern werden Schauspieler, Drehbuchautoren, Regisseure und Kameraleute zusammengespannt, um den Film zu einem ökonomischen Erfolg zu machen. Im Gegensatz zu diesem sogenannten »Zutatenkino«, das lediglich »Konfektionsfilme« hervorbringt, propagiert die »Oberhausener Gruppe« ein »Kino der Autoren«. Das »Oberhausener Manifest« wird maßgeblich die Entwicklung des Neuen Deutschen Films, von Filmemachern wie Edgar Reitz (* 1932), Werner Herzog (* 1942), Volker Schlöndorff (* 1939), Wim Wenders (* 1945) oder Rainer Werner Fassbinder (1945–1982), beeinflussen. Innerhalb dieser Gruppe von Filmemachern verfolgt Alexander Kluge die wohl radikalste Filmkonzeption. So wendet er sich in vielen seiner Filme wie zum Beispiel *Die Artisten in der Zirkuskuppel: ratlos*, *Die Patriotin* oder *Die Macht der Gefühle* vom klassischen Erzählkino ab. Häufig wird das Filmmaterial also nicht nach der Logik einer Handlung geschnitten. Vielmehr geht es Kluge um den Film im Kopf des Zuschauers. Die assoziativ montierten Bilder, teils inszeniert, teils vorgefunden, soll der Zuschauer selbstständig zueinander in Beziehung setzen.

Erstes Buch: *Lebensläufe* (1962)

»Oberhausener Manifest«

Radikale Filmkonzeption

Alexander Kluge hat gleich mit seinem Debütfilm *Abschied von gestern* (1966), in dem seine Schwester die Hauptrolle spielt, großen Erfolg. Der Film gewinnt auf den Internationalen Filmfestspielen von Venedig 1966 den Silbernen Löwen. Die Geschichte der Anita G. – die als Kind jüdischer Eltern 1937 in

Debütfilm *Abschied von gestern* (1966)

Leipzig geboren wird, nach dem Krieg in den Westen flieht, dort eine Straftat begeht, auf Bewährung verurteilt wird, wieder flüchtet und sich, mittlerweile schwanger, der Polizei stellt und ins Gefängnis kommt (das Kind muss sie abgeben) – geht zurück auf die literarische Vorlage »Anita G.« in Kluges *Lebensläufen*. Hierbei zeigt sich der enge Zusammenhang zwischen seiner filmischen und literarischen Arbeit. Oft tauchen in seinen Filmen Episoden auf, die er in seinen Büchern beschrieben hat. Der Film *Der starke Ferdinand* (1976) hat als Grundlage die Erzählung »Ein Bolschewist des Kapitals«. Die Geschichte »Übergabe des Kindes« bildet ein Erzählelement in dem Film *Der Angriff der Gegenwart auf die übrige Zeit* (1985).

Zusammenarbeit mit Oskar Negt

Ab Anfang der 1970er Jahre profiliert sich Alexander Kluge neben seiner Tätigkeit als Filmemacher und Schriftsteller auch auf dem Feld der Theoriebildung. Zusammen mit dem Sozialphilosophen Oskar Negt (* 1934) publiziert er 1972 den Band *Öffentlichkeit und Erfahrung*. Diese Kooperation wird fortgesetzt mit dem umfangreichen Buch *Geschichte und Eigensinn* (1981). Negt und Kluge versuchen, den gesellschaftlichen Standort des arbeitenden Subjekts zu ermitteln, indem sie die historischen Bedingungen der Arbeitskraft bestimmen. Arbeit wird von ihnen nicht in erster Linie in Abgrenzung zu Freizeit oder im Rahmen von Beschäftigungsverhältnissen verstanden, sondern als ganzheitlicher Begriff. Auch unsere Organe, unsere Zellen verrichten Arbeit. Und wenn wir uns mit anderen Menschen in Näheverhältnissen befinden, sprechen wir manchmal von Beziehungsarbeit. Und welche Arbeit übt der Soldat im Krieg aus?

Kluges Fernsehen

In den 1980er Jahren verlagert Alexander Kluge seine Tätigkeit als Filmemacher in das damals gerade entstehende Privatfernsehen. Laut Rundfunkstaatsvertrag müssen Privatsender unabhängigen Dritten einen Teil ihrer Sendezeit zur Verfügung stellen. Einen Anteil an diesen Drittsendelizenzen hat sich Kluge mit seiner 1987 gegründeten Firma dctp gesichert. Die Zeiten werden sowohl von ihm mit seinen Sendungen als auch von Formaten wie *Spiegel TV* oder *stern TV* ausgefüllt. Kluges Fernseharbeit innerhalb seiner seit 1987 gesendeten Kulturmagazine besteht zum größten Teil aus Interviews mit Wissenschaftlern, Filmemachern, Schriftstellern, bildenden Künstlern, Schauspielern, Zeitzeugen oder Politikern. Mittlerweile sind in über 25 Jahren mehr als 3300 Sendungen von ihm ausgestrahlt worden. Zu seinen bekanntesten Gesprächspartner zählen Heiner Müller (1929–1995), Christoph Schlingensief (1960–2010), Peter Berling (* 1934), Helge Schneider (* 1955) oder auch Joseph Vogl (* 1957). Dabei kann man zwischen tatsächlichen und fingierten Interviews unterscheiden. Während Helge Schneider oder auch Peter Berling in den Gesprächen eine Rolle spielen, die Kluge ihnen vorgibt, treten Wissenschaftler wie Joseph Vogl oder auch Dirk Baecker (* 1955) als Experten ihres eigenen Fachbereichs auf.

Literarische Arbeiten

Der literarische Autor Alexander Kluge tritt nach langjähriger Pause im Jahr 2000 mit der Veröffentlichung von *Chronik der Gefühle* – einer Sammlung aller seit 1962 publizierten literarischen Texte und unveröffentlichten Geschichten – wieder in Erscheinung. In den folgenden Jahren veröffentlicht Kluge etliche Bücher: 2003 erscheint *Die Lücke, die der Teufel läßt*, 2006 publiziert er *Tür an Tür mit einem anderen Leben*, 2007 kommen die *Geschichten vom Kino* heraus, dann folgen *Das Labyrinth der zärtlichen Kraft* (2009), *Dezember* (zusammen mit dem bildenden Künstler Gerhard Richter, 2010), *Das Bohren harter Bretter* (2011), *Das fünfte Buch* (2012) und 2013 die Sammlung *Wer ein Wort des Trostes spricht, ist ein Verräter*. In der filmedition suhrkamp veröffentlicht Alexander Kluge *Nachrichten aus der ideologischen Antike* (2008), *Früchte des Vertrauens* (2009), *Wer sich traut, reißt die Kälte vom Pferd* (2010) und *Theorie der Erzählung* (2013).

Preise

Alexander Kluge wurden für sein Werk zahlreiche Preise verliehen: 1968 wird er für *Die Artisten in der Zirkuskuppel: ratlos* mit dem Goldenen Löwen bei den Filmfestspielen in Venedig ausgezeichnet. Für sein literarisches Werk erhält er u. a. 1979 den Bremer Literaturpreis, 1985 den Kleist-Preis und 2003 den Georg-Büchner-Preis. 2009 wird ihm der Theodor-W.-Adorno-Preis verliehen. Für sein filmisches Lebenswerk bekommt er 2008 den Deutschen Filmpreis, für seine Fernseharbeit 2010 den Adolf-Grimme-Preis.

Geschichtlicher Hintergrund

Der Bombenkrieg gegen Deutschland im Zweiten Weltkrieg

In der Zeit des Zweiten Weltkriegs war der Luftkrieg ein wichtiges militärisches Mittel zur Bekämpfung des Gegners, sowohl auf deutscher als auch auf englischer und amerikanischer Seite. Dabei richteten sich die alliierten Angriffe im Laufe des Krieges verstärkt auf deutsche Städte: Nicht nur militärische oder wirtschaftliche Ziele wurden bombardiert, auch die Zivilbevölkerung sollte getroffen werden. Dahinter stand die Idee einer moralischen Destabilisierung der deutschen Bevölkerung. In der *Area Bombing Directive* (der »Anweisung zum Flächenbombardement«) des Britischen Luftfahrtministeriums vom 14. Februar 1942 ist davon die Rede, dass die Angriffe in erster Linie die Moral der feindlichen Zivilbevölkerung treffen sollten. Mit dieser Vorgehensweise war die Hoffnung verbunden, dass die deutsche Bevölkerung die Aussichtslosigkeit des Krieges erkennt und sich gegen die eigene Regierung wendet, damit die Luftangriffe beendet werden. »Der Widerstandsgeist muß aus der gegebenen Bevölkerung durch Zerstörung der Stadt entfernt werden«, sagt Brigadegeneral Robert B. Williams im Gespräch mit einem Korrespondenten der *Neuen Zürcher Zeitung* in Alexander Kluges *Luftangriff auf Halberstadt am 8. April 1945*.

»Anweisung zum Flächenbombardement«

Die »Anweisung zum Flächenbombardement«, die Arthur Harris vehement unterstützte (der im Februar 1942 zum Oberkommandierenden des Bomber Command der Royal Air Force, der Luftstreitkräfte Großbritanniens, ernannt wurde), war allerdings auch eine Reaktion auf technische Schwierigkeiten in der Luftkriegsführung. Während mit heutigen Mitteln problemlos Häuser, Industrieanlagen, Brücken oder sogar sich bewegende Fahrzeuge präzise getroffen werden können, war im Zweiten Weltkrieg die Technik noch nicht ausgereift. Die Nachtangriffe auf deutsche Städte hatten für die Bomber einerseits den Vorteil, dass die Flugzeuge in der Dunkelheit vom Boden aus nicht gut zu erkennen waren. Andererseits hatten aber auch die Bomber am nächtlichen Himmel Mühe, ihre Ziele am Boden zu treffen. (Die

Schwierigkeiten gingen teilweise sogar so weit, dass die falschen Städte angeflogen wurden.) Im Lauf des Zweiten Weltkriegs verbesserten sich allerdings die Ortungssysteme der Bomberverbände, und die Zielgenauigkeit nahm zu. Die Effektivität der Angriffe erhöhte sich nicht zuletzt dadurch, dass die deutsche Gegenwehr erlahmte (die deutsche Kriegsindustrie konnte nicht mit der Produktion von Jagdflugzeugen und der Ausbildung von Piloten nachkommen) und gegen Ende des Krieges die Briten und Amerikaner ohne höhere Verluste ihre Angriffe fliegen konnten.

Feuerstürme

Zur Vorgehensweise der alliierten Luftkriegsführung gegen deutsche Städte und die Zivilbevölkerung gehörte das Erzeugen von Feuerstürmen. Feuerstürme unterscheiden sich von Großbränden durch den sogenannten Kamineffekt: Durch die starke Hitzeentwicklung kommt es zu einem Sog, der kontinuierlich frische Luft zur Feuerstelle führt und das Feuer weiter anfacht. Das Erzeugen von Feuerstürmen im Zweiten Weltkrieg hing v. a. mit der Struktur der anzugreifenden Stadt zusammen. So eigneten sich z. B. Altstadtviertel, in denen die Häuser naturgemäß nah beieinander stehen und sich viel brennbares Material befindet, besonders für Feuerstürme. Das Entstehen von Feuerstürmen war auch abhängig von der Verwendung unterschiedlicher Bomben. So warfen die Bomber der ersten Angriffswelle vornehmlich Luftminen ab, welche die Fenster der Häuser und die Dächer zerstören sollten. Gleichzeitig wurde mit Sprengbomben gearbeitet, die bis ins Erdreich der Stadt drangen und die Frischwasserleitungen außer Kraft setzten. In einer zweiten Angriffswelle wurden dann Brandbomben abgeworfen, die in die Dachstühle fielen und das Feuer entfachten (vgl. Friedrich, *Der Brand*, S. 22–24). Eines der gravierendsten Beispiele für einen Feuersturm war der Nachtangriff auf Hamburg am 27./28. Juli 1945 durch 729 britische Bomber, deren Ladung über die Hälfte aus Brandbomben bestand. In dieser Nacht starben über 18 000 Menschen. »Nach dem Angriff bot sich ein grauenhafter Anblick. Tausende von Leichen in verschiedenen Stadien der Verbrennung bis hin zum Häuflein Asche und in den unterschiedlichsten Haltungen und Stellungen, ruhig und friedlich oder im Todeskampf verkrampft, nackt und geröstet oder bekleidet und

Nachtangriff auf Hamburg

erstickt, bedeckten die Straßen oder füllten die Luftschutzkeller.« (Boog, *Strategischer Luftkrieg in Europa*, S. 39)

Opferzahlen

Hinsichtlich der Opferzahlen finden sich unterschiedliche Angaben. Häufig wird von ca. 600 000 deutschen Zivilisten gesprochen, die im Zweiten Weltkrieg durch die Luftangriffe der Alliierten starben (vgl. Benz, *Enzyklopädie des Nationalsozialismus*, S. 630). Dabei muss man allerdings auch die hohen Verluste der Bomberstaffeln bedenken. Im »Summary Report« (S. 1) des »United States Strategic Bombing Survey« von 1945 ist von 79 265 Amerikanern und 79 281 Briten die Rede, die ums Leben kamen. (Bei Benz, *Enzyklopädie des Nationalsozialismus*, S. 630, wird hingegen von ca. 100 000 Opfern der Alliierten gesprochen.) Mehr als 18 000 amerikanische und 22 000 britische Flugzeuge gingen, nach diesem Bericht, verloren oder waren nicht mehr flugtauglich. Man kann sich mittlerweile nur noch schwer vorstellen, welche Ängste die Menschen am Boden während der Angriffe durchzustehen hatten. Viele von ihnen erstickten, verbrannten, erlitten schwere Verletzungen oder wurden begraben unter Schuttbergen. Aber auch die Bomberpiloten der Alliierten standen unter einem starken psychischen Druck, denn die Gefahr war hoch, von deutschen Jagdfliegern oder Flugabwehrkanonen getroffen und getötet zu werden.

Moralische Legitimität der Angriffe

Bereits während des Krieges wurde über die moralische Legitimität von Angriffen auf die deutsche Zivilbevölkerung auf alliierter Seite diskutiert. Von Arthur Harris wurde das Argument angeführt, dass Deutschland mit den Bombardierungen von Städten angefangen habe, man also keine Rücksicht auf die Interessen der deutschen Bevölkerung nehmen müsse: »Die Nazis entfesselten den Krieg in dem ziemlich kindischen Irrglauben, sie könnten jeden anderen nach Belieben bombardieren und niemand würde zurückbomben. In Rotterdam, London, Warschau und an beinahe einem halben Hundert anderer Orte setzten sie ihre ziemlich naive Theorie in die Tat um. Sie säten Wind, und jetzt ernten sie Sturm.« (Mündliche Äußerung von Arthur Harris in einem Film der Royal Air Force von 1942) Sicherlich aber war damals bereits vielen Deutschen klar, dass die Luftangriffe auch eine Strafe für die Kriegsverursachung bzw. für den Beginn der Bombardierung von Städten darstellten. In diesem Zusammenhang wird häufig die Frage gestellt, ob es sich bei den bombardierten Deutschen um Täter (die ja schließlich Hitler an die Macht gebracht hatten) oder um Opfer handelt. Die Frage nach der Verantwortlichkeit hemmt auch das Erzählen über die Ereignisse: Ein Opfer kann über zugefügtes Unrecht klagen, wer aber anderen Menschen geschadet hat, wird es schwer haben, Gehör zu finden für sein eigenes Leid. W. G. Sebald (1944–2001) ist der Meinung, dass »ein Volk, das Millionen von Menschen in Lagern ermordete und zu Tode geschunden hatte, von den Siegermächten unmöglich Auskunft verlangen konnte über die militärpolitische Logik, die die Zerstörung der deutschen Städte diktierte« (Sebald, *Luftkrieg und Literatur*, S. 21).

Halberstadt am 8. April 1945

Der Lokalhistoriker Werner Hartmann hat den umfangreichsten Bericht über die Geschehnisse am 8. April 1945 in Halberstadt verfasst (vgl. Hartmann, *Halberstadt brennt*). Sieben Einheiten der 8. US-Luftflotte starteten an diesem Sonntagmorgen in England. Dabei handelte es sich um 215 B-17-Fernbomber (geschützt durch Mustang-Langstreckenjäger), welche die Stadt angriffen und ungefähr 80 Prozent des historischen Zentrums zerstörten. Die Opferzahlen (damals lebten ungefähr 65 000 in der Stadt) schwanken zwischen 1 600 und 2 000 Menschen (vgl. Neumann, *Die langen Wege der Trauer*, S. 203). Das anfliegende Bombergeschwader, so Hartmann, wurde in der Luftwarnzentrale Halberstadt erstmals um 10.45 Uhr gemeldet. Um 11.10 Uhr wurde der Alarm ausgelöst, und um »11.25 Uhr näherte sich die erste Bombergruppe aus südwestlicher Richtung in etwa 3 000 Meter Höhe der Stadt« (Hartmann, *Halberstadt brennt*, S. 15). Kurze Zeit später fielen die ersten Bomben. Es folgten weitere Angriffswellen, wobei die beiden letzten Einheiten um 11.54 Uhr ihre Last abwerfen. Insgesamt fielen 504 Tonnen Sprengbomben und 50 Tonnen Brandbomben in dieser halben Stunde auf Halberstadt.

Technik des »Fächers«

Jörg Friedrich beschreibt die Technik des »Fächers«, der bei diesem Angriff von den Amerikanern angewendet wurde: »Der Fächer war ein Präzisionsbombardement, das Punktziel mit Flächenziel verband. Die alten Gegensätze versöhnten sich. Der Punkt war eine große, gut sichtbare Schule, das Auguste-Viktoria-Lyzeum, die Fläche das Stadtinnere. Punkt lag vor Fläche. Punkt wurde exakt markiert und Fläche exakt aus der Entfernung zu Punkt gebombt. Die geometrische Form, die aus dem Punkt eine Fläche entwickelt, ist der Fächer. Unten liegt der Drehpunkt, von da fächert die Fläche auf. Alle Maschinen passierten von Süd und flogen in unterschiedlichen Winkeln nach Nord, Nordwest und Nordost. So konnte man am genauesten eine Fläche auf den Grund zerstören. Der Fachwerkbestand ging bis auf die Reste unter.« (Friedrich, *Der Brand*, S. 357–358)

Kafka über Halberstadt

Halberstadt hatte damals aufgrund seiner Fachwerkstruktur den Ruf, ein »Rothenburg des Nordens« zu sein. Franz Kafka (1883–1924), den eine Reise in den Harz im Juli 1912 auch nach Halberstadt führte, bezeichnet den Ort als »eine ganz und gar alte Stadt. Fachwerkbau scheint die für die größere Dauer berechnete Bauart zu sein. Die Balken verbiegen sich überall, die Füllung sinkt ein oder baucht sich aus, das Ganze bleibt und fällt höchstens mit der Zeit ein wenig zusammen und wird dadurch noch fester. So schön habe ich Menschen in den Fenstern noch nicht lehnen sehn.« (Kafka, *Tagebücher 1910–1923*, S. 487)

Verstärkt wird der historische Charakter und Anblick des ehemaligen Bistums Halberstadt noch durch die für solch eine Kleinstadt hohe Anzahl von Kirchen und den großen Dom. Halberstadt war ein religiöses Zentrum, von Karl dem Großen 804 zum Bischofssitz ernannt, von Heinrich dem Löwen 1179 zerstört, 1648 dann als Fürstentum Bestandteil des Kurfürstentums Brandenburg. Unter literarhistorischen Gesichtspunkten ist bei

J. W. L. Gleim

Halberstadt der Domsekretär Johann Wilhelm Ludwig Gleim (1719–1803) zu nennen. Gleim war einerseits als Schriftsteller tätig, andererseits war für ihn die Bekanntschaft bzw. der freundschaftliche Umgang mit Dichterkollegen sehr wichtig. In dem sogenannten »Freundschaftstempel« versammelte er eine umfangreiche Porträtgalerie von Intellektuellen des 18. Jahrhunderts. Das enge Netz an Kontakten zu zeitgenössischen Schriftstellern und Theoretikern verbindet ihn mit Kluge.

Friedrich weist darauf hin, dass es bei dem Angriff auf Halberstadt am 8. April 1945 einen Punkt gab, von dem aus die Bomber in unterschiedliche Richtungen flogen und ihre Ladungen abwarfen. Dabei handelte es sich um das Auguste-Victoria-Lyzeum am damaligen Bismarckplatz. Die Zerstörungen der Stadt beginnen kurz nach der angepeilten Schule, in der damaligen Hohenzollern-Straße. Kluges Elternhaus, das nach dem Angriff abbrannte, befand sich in der Kaiser-Straße 42, die parallel zur Hohenzollern-Straße verlief, getrennt davon durch die ebenfalls parallel verlaufende Sedan-Straße. (Die Straßen sind teilweise mehrfach umbenannt worden und heißen heute anders.) Hätten die Amerikaner ihren Abwurfpunkt nur etwas weiter in Richtung Norden verschoben, dann wäre das Haus der Kluges wahrscheinlich verschont geblieben. Die Villa, in der Ernst Kluge von 1946 bis 1979 lebte und praktizierte, befand sich in der Hohenzollern-Straße, zum Lyzeum hin, noch außerhalb der Linie der ersten Einschläge.

Am 8. April 1945, also vier Wochen vor Kriegsende, hatte Halberstadt keinerlei militärische Bedeutung mehr. Die Stadt war schutzlos dem Angriff ausgeliefert, weder Flugabwehrkanonen noch Jagdflieger boten Widerstand. Die Menschen flohen zu Tausenden aus der Stadt, suchten Schutz in den Höhlen der Spiegelsberge, die zu bunkerähnlichen Räumen ausgebaut waren. Während der Flucht wurden sie von Begleitjägern des Bomberstroms beschossen. Am Vortag, dem 7. April 1945, fand bereits ein Angriff auf den Halberstädter Bahnhof statt, bei dem ein Munitionszug beschossen wurde und explodierte. »Die Detonation war noch in 30 km Entfernung zu vernehmen.« (Hartmann, *Halberstadt brennt*, S. 12) Aber auch bereits davor gab es vereinzelte Angriffe auf die Stadt, auf vorwiegend militärische Ziele wie die Junkerswerke oder den Flughafen. Werner Hartmann zählt insgesamt acht Fliegerangriffe auf Halberstadt vor dem 7./8. April 1945, bei denen es 277 Tote zu beklagen gab (ebd., S. 11). In Halberstadt wurden Anfang März 1945 Panzersperren an den unterschiedlichen Ausfallstraßen errichtet, weil die Stadt näher in den Frontbereich gerückt war. Die amerikanischen Panzerspitzen standen 60 km entfernt. Laut Hartmann kam es noch wenige Tage vor dem 8. April zu einer Auseinandersetzung zwischen den Verantwortlichen der Stadt über die Frage, ob Halberstadt verteidigt oder übergeben werden sollte. Man einigte sich schließlich darauf, den »Volkssturm« verstärkt einzusetzen. Oberbürgermeister Mertens sprach sich allerdings gegen eine Verteidigung aus, weil die Stadt zu diesem Zeitpunkt in 14 Lazaretten, Kliniken und dem Salvator-Krankenhaus ca. 3000–4000 Verwundete und Kranke beherbergte, außerdem von hoher kulturhistorischer Bedeutung war (ebd., S. 13–14).

Drei Tage nach dem Luftangriff, am 11. April 1945, besetzten amerikanische Truppen Halberstadt. Dabei kam es zu keinem Widerstand von deutscher Seite. Drei Monate danach wurde die Stadt von sowjetischen Einheiten übernommen. In der Zeit der DDR hatte man kein Interesse daran, den historischen Kern der Stadt zu restaurieren. Die Fachwerkhäuser verfielen, der Wiederaufbau lief schleppend voran: »Mit dem Verlust des historischen Zentrums hatte Halberstadt nicht nur Einwohner, sondern auch seinen urbanen Charakter verloren. Noch Jahrzehnte nach der Bombardierung war dort, wo sich einstmals die Stadtmitte mitsamt Rathaus befunden hatte, immer noch eine Leerfläche; auf einem im Jahr 1959 aufgenommenen Foto sieht man dort sogar Schafe grasen.« (Neumann, »Lange Wege der Trauer«, S. 206) Im Gegensatz zum eher zögerlichen Wiederaufbau gab es aber in der DDR eine rege Erinnerungskultur zum 8. April, und immer noch finden in Halberstadt jedes Jahr Gedenkveranstaltungen zum Luftangriff statt. Spricht man heute mit älteren Einwohnern, Zeitzeugen, über den Luftangriff, stellt man fest, dass bestimmte Redeweisen immer wiederkehren. Zum Beispiel wird häufig der Gegensatz zwischen dem sonnigen und angenehm frühlingshaften Wetter an diesem Sonntag und den Schrecken des Angriffes herausgestellt.

In der Geschichte »Was heißt ›wirklich‹ im nachhinein?« (*Luftangriff auf Halberstadt*, 2008, S. 98), die im Jahre 2005 spielt, schreibt Alexander Kluge über sein zerstörtes Elternhaus: »Über die Stelle, an der unser Haus gestanden hatte (nach der Zerstörung stand es noch eine Zeitlang als Ruine in gleicher Richtung), sind quer Wohnbauten hochgezogen worden. Die Wohnungen sind der Reihe nach zur Straße hin ausgerichtet. Die Bürgerhäuser früher orientierten sich dagegen in die Tiefe, von der Straße

Kluge über sein zerstörtes Elternhaus

weg, zu den Gärten hin. Diese Grundrisse sind ausgestrichen.« In der Tat erinnert in der heutigen Walter-Rathenau-Straße in Halberstadt nichts mehr an die Häuser vor 1945. Kluge erinnert sich, dass er an dem Sonntagmorgen des 8. April 1945 daran dachte, seine Zinnsoldaten im Garten aufzustellen. Er saß mit seiner Schwester in der Küche, und die beiden wurden durch Vollalarm überrascht (ohne dass ein Voralarm vorausging), worauf Bombeneinschläge in der Nähe folgten. Sofort rannten sie in den Keller. Der Vater hatte in der Sitzecke vor dem Wintergarten gefrühstückt und kam ebenfalls schnell herunter. Im Haus war eine Familie aus dem Saarland einquartiert, die mit der Haushaltshilfe in den Keller lief, sich aber einige Minuten später (zwischen zwei Angriffswellen) überlegte, in die Stadt zu flüchten, weil sie sich dort mehr Sicherheit versprach. Diese Familie wurde bei dem Angriff getötet. Kluge hat die letzte Bomberstaffel auf ihrem Rückflug nach Süden gesehen. Sein Vater versuchte nach dem Angriff, Wertsachen aus dem Haus zu holen. Es brannte ab, weil die benachbarte Apotheke schwer getroffen worden war und das Feuer auf das nächstliegende Gebäude übergriff.

Entstehung, Drucke und Rezensionen

Der Luftangriff auf Halberstadt am 8. April 1945 wurde erstmals in dem Band *Neue Geschichten. Hefte 1–18. ›Unheimlichkeit der Zeit‹* gedruckt, erschienen 1977 im Suhrkamp Verlag. Die Entstehung des Textes, so betont der Autor (gegenüber dem Verfasser des Kommentars), hing seinerzeit eng mit der Erkrankung seines Vaters zusammen, Dr. med. Ernst Kluge, der sich 1976 bei einem Sturz einen Oberschenkelhalsbruch zuzog und dessen Versorgung in Halberstadt von seinen beiden Kindern sichergestellt werden musste. Alexander Kluge, damals bereits in München wohnhaft, kehrte häufiger in seine Heimatstadt zurück, erinnerte sich des Luftangriffs, den er 1945 als 13-Jähriger miterlebt hatte, sah die Stadt, die sich architektonisch noch immer nicht von der Bombardierung erholt hatte. Dieser subjektive Entstehungsgrund bleibt verdeckt im *Luftangriff auf Halberstadt am 8. April 1945*, weder Kluge noch seine Schwester, noch sein Vater treten als Protagonisten offen zutage. Lediglich im Vorwort von *Neue Geschichten* (S. 9) heißt es: »Die Form des Einschlags einer Sprengbombe ist einprägsam. Sie enthält eine Verkürzung. Ich war dabei, als am 8. April 1945 in 10 Meter Entfernung so etwas einschlug.« Kluge merkt außerdem in einem Interview mit Volker Hage an, dass die Entstehung der Erzählung mit dem ebenfalls in den *Neuen Geschichten* sich befindenden Prosastück »Verschrottung durch Arbeit« zusammenhing (Hage, *Zeugen der Zerstörung*, S. 204), in dem es um das bei Halberstadt liegende KZ Langenstein-Zwieberge geht, einem Außenlager des KZ Buchenwald. In den *Neuen Geschichten* finden sich weitere Erzählungen, in denen die Heimatstadt des Autors eine Rolle spielt. So werden dort auch der Lebenslauf von Kluges Vater und dessen Oberschenkelhalsbruch beschrieben (»Jahrgang 1892«, S. 317–331). Die Abbildung des Oberschenkelhalsknochens in dem mit Oskar Negt verfassten Band *Geschichte und Eigensinn* (S. 11) hängt, so Kluge, ebenfalls mit dem Unfall des Vaters zusammen.

Erstdruck in *Neue Geschichten*

»Verschrottung durch Arbeit«

Im Hinblick auf den Werkkontext ist für *Der Luftangriff auf Halberstadt am 8. April 1945* Folgendes festzustellen: Die lite-

Werkkontext

rarischen Arbeiten der 1960er Jahre wie *Lebensläufe* (1962) und die erste Fassung von *Schlachtbeschreibung* (1964) unterscheiden sich von späteren Bänden dadurch, dass noch keine Abbildungen verwendet wurden. Bei dem Buch *Lernprozesse mit tödlichem Ausgang* (1973) zeigt sich erstmals die Mischform aus Text und Bild, die für die späteren Bücher relevant sein wird.

Hauptthema Krieg

Krieg ist ein Hauptthema Kluges seit dem Beginn der 1960er Jahre. In *Lebensläufe* und *Schlachtbeschreibung* geht es um den Zweiten Weltkrieg bzw. um Ereignisse und Prozesse, die damit in Verbindung stehen. In anderen Arbeiten fokussiert Kluge aber auch Napoleons Kriegszüge, den Ersten Weltkrieg oder die Schlachten Alexanders des Großen. Mit dem *Luftangriff auf Halberstadt am 8. April 1945* führt Kluge sein Erkenntnisinteresse aus den 1960er Jahren fort. Zwar gibt es in der Literaturgeschichte etliche Darstellungen von Kriegssituationen, von Homer über Shakespeare und Tolstoi bis hin zu Hemingway, allerdings finden sich wenige literarische Vorbilder für die Darstellung des Luftkriegs (weil es sich dabei um ein Phänomen des 20. Jahrhunderts handelt).

Debatte um W. G. Sebalds Poetikvorlesungen

Der Schriftsteller und Literaturwissenschaftler W. G. Sebald löste 1997 mit seinen Züricher Poetikvorlesungen (später u. d. T. *Luftkrieg und Literatur* veröffentlicht) eine Debatte mit der Behauptung aus, in der deutschen Literatur nach 1945 seien die Luftangriffe kaum bzw. nicht nachhaltig genug reflektiert worden. Der Literaturkritiker Volker Hage entgegnete, dass es sich bei Sebalds Vorwurf eher um ein Problem der Rezeption handelt, da »viele Romane und Erzählungen über den Luftkrieg publiziert worden sind« (Hage, *Zeugen der Zerstörung*, S. 119–120), sie allerdings schnell wieder vergessen bzw. kaum zur Kenntnis genommen wurden. Im Zuge dieser Diskussion wurden Texte angeführt (v. a. Gert Ledigs Roman *Vergeltung*), die den Luftkrieg zum Thema haben und die Sebald nicht erwähnt hatte. Dabei wurde allerdings vergessen, dass Sebald in seinen Poetikvorlesungen nicht in erster Linie als Literaturwissenschaftler, sondern als Schriftsteller spricht. Sicherlich ging es ihm nicht um einen rein quantitativen Aspekt, also um die tatsächliche Zahl aller Romane und Erzählungen zum Luftkrieg, sondern eher um eine qualitative Analyse. Sebald spielt auf die Erkenntnismöglichkeiten eines literarischen Werkes an, und er unterscheidet in *Luftkrieg und Literatur* zwischen Arbeiten, die eine ästhetisch angemessene Verarbeitung des Luftkriegs darstellen, und Prosastücken, welche die historischen Ereignisse eher verklären. Zu den von ihm geschätzten literarischen Werken zum Luftkrieg gehört der *Luftangriff auf Halberstadt* von Alexander Kluge. Bereits in einem Aufsatz von 1982 mit dem Titel »Zwischen Geschichte und Naturgeschichte. Versuch über die literarische Beschreibung totaler Zerstörung mit Anmerkungen zu Kasack, Nossack und Kluge« kommt Sebald auf Kluges Text zu sprechen. In *Luftkrieg und Literatur* bezeichnet Sebald ihn als den »aufgeklärtesten aller Schriftsteller« (S. 73).

Erste Einzelpublikation (2008)

Die Passage über Kluge aus Sebalds Aufsatz von 1982 ist der bis zur hier vorliegenden Edition einzigen selbstständigen Publikation vom *Luftangriff auf Halberstadt am 8. April 1945* beigefügt, die 2008 mit 17 weiteren Geschichten zum Luftkrieg im Suhrkamp Verlag publiziert wurde.

Veröffentlichung in der DDR (1981)

Für die Rezeptionsgeschichte von Bedeutung ist überdies ein 1981 in der DDR veröffentlichter Sammelband mit literarischen Arbeiten von Alexander Kluge: *Der Pädagoge von Klopau*. Er enthält auch den *Luftangriff auf Halberstadt*, wodurch die Halberstädter erstmals die Möglichkeit bekamen, diesen Text über ihre Stadt zu lesen.

Reaktionen der Literaturkritik

Die unmittelbaren Reaktionen der Literaturkritik auf die Veröffentlichung des *Luftangriffs auf Halberstadt* 1977 fielen spärlich aus; dies mag daran liegen, dass es sich hierbei um einen Teil eines umfangreichen Buches handelt. In den Rezensionen zu *Neue Geschichten. ›Unheimlichkeit der Zeit‹* wird der Text zwar häufiger als wichtiges Element dieser Neuerscheinung gewürdigt, allerdings sind der präzisen Analyse innerhalb einer Buchbesprechung Grenzen gesetzt. Wolfram Schütte vertritt in der *Frankfurter Rundschau* die Ansicht, dass es seit Hans Erich Nossacks (1901–1977) *Der Untergang* (1950) »keine schärferen Momentaufnahmen« von Stadtzerstörungen durch Luftangriffe gegeben habe (Schütte, »Der Epiker des Differentials«). Fritz J. Raddatz schreibt in der *Zeit* über die *Neuen Geschichten*: »Die vorgebliche Beziehungslosigkeit der Texte zueinander stellt schließlich, erstaunliches Mittel der Kunst, eine einzige tragende Kausalität her. Dieses Buch könnte mit Berechtigung ›Roots‹ [Wurzeln, T.C.] heißen – was heute ist, wurde so, weil es damals so war.« (Raddatz, »Unheimlichkeit der Zeit«) Ebenfalls in der *Zeit* konstatiert Walter Jens: »Themen, die bisher zur Domäne der Philosophie gehörten (die Diskrepanz von Sein und Bewußtsein zum Beispiel), wurden von Kluge in die Literatur eingeholt und auf den Begriff gebracht, den Begriff der Anschauung – und das verdient Respekt.« (Jens: »Mein Taschenbuch«) Und Jörg Drews betont in seiner Rezension in der *Süddeutschen Zeitung*, dass die »Realitätsfülle dieses Buches, in Geschichten, die vom 18. Jahrhundert bis zur Gegenwart, in der bürgerlichen Familie bis in Sitzungen wissenschaftlicher Gremien spielen« enorm und »die Fülle der Töne vom psychologischen Porträt bis zum imitierten Dialog auf den Kommandoständen der Politik und Militärstrategie ganz außerordentlich« ist (Drews, »Ein humaner Pessimist?«, S. 85). Hans Magnus Enzensberger (* 1929) bezeichnet in seiner Buchkritik im *Spiegel* von 1978 das Prosastück als »Film aus Wörtern und Photos« (Enzensberger, »Ein herzloser Schriftsteller«, S. 81). Kurt Sontheimer erwähnt bei seiner Besprechung von *Unheimlichkeit der Zeit* den *Luftangriff auf Halberstadt* in der *Deutschen Zeitung* mit keinem Wort (Sontheimer: »Vergebliche Suche nach einem Genie«). Michael Zeller beschränkt sich in seiner Rezension in der *Frankfurter Allgemeinen Zeitung* bei der Schilderung des *Luftangriffs* auf eine kurze Inhaltsangabe und verzichtet dabei auf Wertungen (Zeller: »Alexander Kluges unterkühlte Katastrophenoptik«). Für Albert Schirnding im *Merkur* stellt die Beschreibung des Bombenangriffs auf Halberstadt »ein erzähltechnisches Meisterwerk in der Nachfolge der *Schlachtbeschreibung* von 1964 dar« (Schirnding: »Kein Abschied von gestern«).

Weitere Beschäftigung Kluges mit dem Luftangriff

In Kluges Film *Die Patriotin* (1979) findet sich eine Szene, in der die Protagonistin Gabi Teichert, eine Geschichtslehrerin aus Hessen, mit ihrer Klasse den *Luftangriff auf Halberstadt* liest und darüber mit ihren Schülerinnen und Schülern diskutiert. In der Schulstunde geht es um die Passage mit der Volksschullehrerin Gerda Baethe, also um die »Strategie von unten«.

Der Hinweis auf Kluges Film *Die Patriotin* zeigt, dass der Luftangriff auf Halberstadt als Thema auch nach Abfassung des Textes und der Publikation in dem Band *Unheimlichkeit der Zeit* für den Autor noch von Bedeutung ist. Für die erste selbstständige Publikation des Textes im Jahre 2008 hat Kluge am Schluss des Bandes »17 weitere Geschichten zum Luftkrieg« versammelt. (Auch in seinen Kulturmagazinen im Fernsehen war der Luftkrieg im Zweiten Weltkrieg ein häufiges Thema, wobei die Sendungen mit dem Historiker Jörg Friedrich hervorzuheben sind. Auf www.dctp.tv findet sich mit der Schleife »Deutschland im Bombenkrieg«, die 20 Filme umfasst, eine Auswahl aus seinen Fernseharbeiten zu dem Thema.) Die von Kluge beigefügten Geschichten kommentieren den Haupttext, führen das Thema Luftkrieg aber auch auf unterschiedliche Art über den lokalen Bezugspunkt Halberstadt und den zeitlichen Moment des Zweiten Weltkriegs hinaus. So geht es in der Geschichte »Vorfeld der Katastrophe« um den 11. September 2001, den Angriff auf die Twin Towers. »Der totale Zahnschmerz« hingegen handelt von den »Anfängen der Luftrüstung zwischen den beiden Weltkriegen«, von dem Versuch, Zahnschmerzen durch den Abwurf chemischer Substanzen zu erzeugen. Bei der Geschichte »Die Libelle« wird Kluges literarische Methode der assoziativen Annäherung an ein Thema deutlich. Dieser Text handelt von einem See in Graubünden, über dessen Wasserfläche sich eine besondere Libellenart über Tausende von Jahren entwickelt hat. Der Erzähler berichtet, dass dessen Vater im Jahr 1938 eine solche Libelle fing und am Teich des eigenen Gartens aussetzte. Die Libelle starb bei dem Luftangriff im Jahr 1945. Unschwer sind die Hinweise auf Kluges Vater und dessen Garten in Halberstadt zu erkennen. In der Zusammenschau mit der vorherigen Geschichte, »Libellen des Todes«, erweist sich die Libelle mit einem Mal als Metapher für die »Strategie von oben« und die »Strategie von unten«: Im einen Text wird das Tier 1945 bei einem Luftangriff getötet, im anderen Prosastück spielen Bomben eine Rolle, die »aus Flugmaschinen, deren Zellen die Ingenieure kunstvoll wie Insektenkörper gegliedert hatten«, geworfen werden.

Deutungsansätze

Zusammenspiel v. Text u. Bild

Zu den Besonderheiten von Alexander Kluges literarischer Schreibweise gehört die Verwendung von Abbildungen, das intermediale Zusammenspiel zwischen dem Text einerseits und Fotografien, Skizzen, Zeichnungen, Karten etc. andererseits, so auch im *Luftangriff auf Halberstadt*. Vergleicht man die Erstpublikation von 1977 in den *Neuen Geschichten* mit der Ausgabe von 2008, so fällt auf, dass durch den veränderten Umbruch auch die Zuordnung von Text und Abbildung leicht variiert. Beginnt der Text von 1977 (und auch die Veröffentlichung in dem 1981 erschienenen Sammelband *Der Pädagoge von Klopau*) mit dem Filmplakat »Heimkehr«, so ist in der späteren Edition diese Abbildung auf der zweiten Seite zu finden, in den Text eingebettet. Bereits mit dem Abdruck des Filmplakats und der Beschreibung der Zerstörung des Halberstädter Kinos »Capitol« aber zeigt sich das spezielle Zusammenspiel von Text und Bild bei Kluge. Durch die Wiedergabe des Plakats wird beim Leser der Eindruck erweckt, der Film *Heimkehr* sei tatsächlich in Halberstadt an diesem 8. April 1945 gezeigt worden.

Hans Magnus Enzensberger schreibt in diesem Zusammenhang: »Ich weiß nicht, ob es in Halberstadt wirklich ein Kino namens ›Capitol‹ gegeben hat und ob der Luftangriff vom 8. April tatsächlich ›die stärkste Erschütterung‹ war, ›die das Kino unter der Führung von Frau Schrader je erlebt hatte‹. Es ist aber auch völlig unerheblich, ob Kluge erfunden oder abgeschrieben hat. Die berühmten Probleme der sogenannten Dokumentarliteratur übergeht er mit Stillschweigen oder mit sanfter Ironie.« (Enzensberger, »Ein herzloser Schriftsteller«, S. 81) Enzensberger spricht hier von der »Dokumentarliteratur«. Damit ist eine Literatur gemeint, bei der es weniger um das Erfinden von Ereignissen, Handlungen und Figuren, also um die Herstellung eines fiktionalen Rahmens geht, sondern vielmehr um das Auffinden und Kombinieren unterschiedlichster Sprachmaterialien. (In der deutschen Literatur erlebte das dokumentarische Arbeiten v. a. in den 1960er Jahren einen Höhepunkt. Zu den bedeutendsten Protagonisten dieser Arbeitsweise können Autoren wie Peter

»Dokumentarliteratur«

Weiss und Alexander Kluge, aber auch Helmut Heißenbüttel gezählt werden.) Ziel des dokumentarischen Arbeitens ist ein erhöhter Grad an Authentizität, also der Eindruck, dass ein unmittelbarer Kontakt zwischen der Realität und ihrer sprachlichen, fotografischen oder filmischen Umsetzung existiert. Die »berühmten Probleme der sogenannten Dokumentarliteratur«, die Enzensberger erwähnt, liegen darin, dass zwar der Anschein erhöhter Objektivität mit dokumentarischen Mitteln erweckt werden kann, allerdings der Autor durch die Auswahl und Kombination des Materials seinen subjektiven Standpunkt integriert. Alexander Kluge sagt außerdem in einem Interview mit Volker Hage: »Ich erfinde fast gar nichts, aber nicht alles, was bei mir in Anführungszeichen steht, ist wirklich ein Zitat. Sie können sogar davon ausgehen: Je wahrscheinlicher Ihnen etwas vorkommt, desto mißtrauischer sollten Sie werden. Realistisch verhalte ich mich immer, da ich aber die Realität als die größte Lügnerin ansehe, sind für mich unsere Irrtümer manchmal genauere Zeugnisse als die sogenannten Facts.« (Hage, *Zeugen der Zerstörung*, S. 207) Kluge spricht hier über den Unterschied zwischen aufgefundenem und erfundenem Material. Diese Differenz kann man z. B. an der Episode »Verhältnis der Ereignisse zur Klavierstunde« im *Luftangriff auf Halberstadt* sehen, denn die Passage ist in ihrem Kern autobiografisch. Kluge hatte am Tag des Luftangriffs um 17 Uhr Klavierstunde (vgl. Kluge, »Rede über das eigene Land: Deutschland«, S. 42). Allerdings taucht am Beginn des Abschnitts kein Ich-Erzähler auf oder eine Figur, die Alexander Kluge heißt, sondern ein Junge namens Siegfried Pauli, der 14 Jahre alt ist, sich also ungefähr in Kluges Alter während des Luftangriffs befindet. In dem Text ist die Klavierstunde nicht am selben Tag, sondern am folgenden Montag. Auch hat Alexander Kluge am 8. April 1945 nicht nach dem Luftangriff eine Villa aufgesucht, in der ein Flügel stand, auf dem er das für die Klavierstunde angesetzte Stück übte.

Unterschied zw. aufgefundenem u. erfundenem Material

Bei dem Film *Heimkehr* handelt es sich um ein nationalsozialistisches Propagandastück aus dem Jahr 1941 von Gustav Ucicky (1899–1961), in dem eine deutsche Minderheit in der Woiwodschaft Luzk von der polnischen Mehrheit bedroht wird. Nach dem Krieg wurde die Aufführung des Films verboten. Thomas

Film *Heimkehr*

von Steinaecker zufolge nimmt das Filmplakat in negativer Form vorweg, »worum es im folgenden Text gehen wird, um die Kategorie der Gefühle« (von Steinaecker, *Literarische Foto-Texte*, S. 212). Während der Film also für die deutschen Protagonisten ein glückliches Ende nimmt, sind die Halberstädter nach dem Luftangriff mit Toten, Verletzten und einer zerstörten Stadt konfrontiert. Die Anfangsszene im Halberstädter »Capitol« kann auf unterschiedliche Arten auf den Autor Alexander Kluge bezogen werden. Zum einen wird hier auf das Medium Film angespielt, in dem sich Kluge bewegt. Zum anderen aber impliziert das Wort »Heimkehr« natürlich auch die »Heimat«. Bezüglich des Bombenangriffs auf Halberstadt und der damit verbundenen Zerstörung des Elternhauses betont Kluge, dass er emotional nie die Scheidung der Eltern und die Zerstörung des Hauses voneinander abgrenzen konnte. Für ihn ist die Zerstörung des Hauses ein Symbol für die gescheiterte Ehe der Eltern. Das Verhältnis seiner Eltern aber, das im *Luftangriff auf Halberstadt* keine Rolle spielt, hat Kluge in anderen Geschichten seines umfangreichen Werkes thematisiert (»Mein wahres Motiv« oder »Erst später verstand ich worum es sich handelte«).

»Kategorie der Gefühle«

In »Rede über das eigene Land: Deutschland« weist Kluge auf die Ambivalenz seiner Gefühle und Gedanken hin (S. 53). Zum einen hatte er als 13-jähriger Junge, der sich während des Angriffs im Keller des Elternhauses aufhielt, natürlich die Situation als bedrohlich empfunden. Zum anderen macht er aber deutlich, dass der Verstand in solch einer Extremsituation auch äußerst unangemessen funktioniert. Er hatte damals nämlich v. a. die Sorge, dass durch den Luftangriff die Klavierstunde ausfallen würde. Außerdem freute er sich bereits darauf, sich am nächsten Tag über die Ereignisse mit seinen Schulkameraden austauschen zu können. Allerdings war er dann enttäuscht, als er erfuhr, dass die Schule am nächsten Tag nicht stattfindet (Gespräch mit dem Autor dieses Kommentars). Dieses Element der Aufregung, der Abenteuerlust, jenseits der drohenden tödlichen Gefahr, zeigt sich in der Erzählung vom Luftangriff besonders deutlich am Verhalten von Karl Wilhelm von Schroers, für den »immer möglichst viel los sein« musste. Bereits am Tag vor dem Luftangriff ist von Schroers, ein Arzt und »Beutejäger, was starke sinnliche

Ambivalenz der Gefühle

Schrecknisse betrifft«, im Einsatz. Während des Angriffs am 8. April befindet er sich in der Verteidigungszentrale der Stadt, im Rathaus: »Von Schroers hält es nicht für möglich, daß ihn etwas treffen könnte, da er so wissens- und lebensdurstig ist.« Der Protagonist der Passage glaubt an ein glückliches Schicksal, geht davon aus, dass ein Mensch, der im Leben stets die Initiative ergreift, zu den begünstigten Personen gehören wird, die den Angriff überleben werden.

Die teilweise inadäquaten Reaktionen der bombardierten Menschen sind ein wichtiges Thema im *Luftangriff auf Halberstadt am 8. April 1945*. Zentral ist hierbei die Unterscheidung zwischen der »Strategie von oben« und der »Strategie von unten«, also die Differenz zwischen denen, die angreifen, und denen, die angegriffen werden. Die Adverbien »oben« und »unten« sind in einem konkreten, orts- und zeitbezogenen Sinn zu verstehen: Das Bomberkommando am Himmel bildet den Gegenpol zu den schutzlosen Menschen in der Stadt. Darüber hinaus gilt die Rede von der »Strategie von oben« und der »Strategie von unten« aber ebenfalls in einer weiterführenden, metaphorischen Bedeutung, denn die Adverbien »oben« und »unten« sind auch auf die innerdeutsche Situation während der Nazi-Diktatur anwendbar. Kluge schreibt dazu: »Die Strategie von oben kennen Sie ja. Unser Groß-Deutschland ist oft von einer Strategie von oben regiert worden. Die Geschichte des deutschen Eisenbahnwesens unter Bismarck ist eine Strategie von oben.« (Kluge, »Rede über das eigene Land: Deutschland«, S. 43) An anderer Stelle sagt Kluge: »Das Ziel, diese [gemeint ist die Zivilbevölkerung, T.C.] durch Bomben zum Ungehorsam oder Aufstand gegen die eigene Führung zu veranlassen *(moral bombing)* ist nachweislich sozialpsychologisch unerreichbar. Andererseits hat eine in den Kellern befindliche Bevölkerung (Strategie von unten) keine Waffen gegen das Bomberkommando (Strategie von oben). So ist eine Kapitulation einer bombardierten Bevölkerung gegenüber der anfliegenden Armada im konkreten Moment praktisch ausgeschlossen.« (Kluge, »Krieg«, S. 213) Die Idee des *moral bombing* erweist sich ihm zufolge also als sinnlos. Zugleich verweist er auf die extreme Wehrlosigkeit der Menschen in der Stadt sowie auf das ungleiche und ungerechte Verhältnis zwischen Bom-

»Strategie von oben« vs. »Strategie von unten«

moral bombing

berflotte und Zivilbevölkerung. Hinzu kommt, dass die Zivilisten nicht einmal die Möglichkeit zur Kapitulation haben, nicht nur weil es keinen direkten Sichtkontakt gibt zwischen Angreifern und Angegriffenen, man also nur schwer Zeichen der Kapitulation während der Kampfhandlungen senden kann, sondern auch weil die Verantwortlichen, die eine Flotte zur Umkehr bewegen könnten, in England sind, also nicht erreichbar. Das Ausmaß der Wehrlosigkeit der Halberstädter zeigt sich in der Szene mit dem Heizer Karl Lindau, der sich in den Vorgarten der Taubstummen-Anstalt wirft und bedauert, dass er nicht mit »seiner Hände Arbeit auf das Beschmissenwerden mit Sprengbomben« antworten kann. »Der Einzelne kann nur angemessen reagieren, wenn es ihm gelingt, in direkte Beziehung zu den Aggressoren zu treten, also den Gegner mit Händen zu greifen oder Dingen mit Werkzeugen zu Leibe zu rücken«, kommentiert Ulrike Bosse diese Passage (Bosse, *Formen literarischer Darstellung von Geschichte*, S. 194).
Exemplarisch für das Verhalten der Menschen am Boden ist das von Gerda Baethe »aus der Gegend von Gelsenkirchen« mit »ihren drei Kindern«. Die Volksschullehrerin entwickelt in den Minuten des Angriffs eine »Strategie von unten«: »Sie begann die Bomber oben zu verwünschen. Aber wenn das den Erfolg hatte, daß einer davon herunterstürzte und sie mit ihrer Gartenhausbesatzung erschlug, dann wäre es besser, wenn sie das nicht tat.« An einer anderen Stelle heißt es: »Sie zwang sich strategisch, d. h. auf die Hauptpunkte bezogen, zu ›denken‹, das heißt: wohin fliehen, falls nochmals eine Chance durch Warten auf eine nächste Welle entstand – sie wollte dann über Fischmarkt, Martiniplan, Schmiedestraße, Westendorf rennen. Ein Handwagen im Hof, die Kleinen da rein und im Galopp zu den Feldern oder Dörfern.« Ein paar Sätze später versucht Gerda Baethe dann, »durch lautes Beten die Bomben in ihrem Kurs zu beeinflussen«. Hier wird deutlich, dass in solch einer Extremsituation rationales und religiöses Verhalten sich abwechseln bzw. gleichzeitig vorhanden sein können. David Roberts erkennt folgerichtig, dass die »kleine Welt der unmittelbaren Beziehungen und Gefühle und die große Welt der Strategie […] keinen gemeinsamen Maßstab« haben (Roberts, »Alexander Kluge und die deutsche Zeitgeschichte«, S. 109).

Auch zu Beginn kann man Irrationalität in den Handlungen der Personen entdecken, wenn es etwa bei der Zerstörung des Kinos heißt, dass Frau Schrader »sich mit einer Luftschutz-Schippe daranmachen [wollte], die Trümmer bis zur 14-Uhr-Vorstellung aufzuräumen«. Bei Frau Schrader geht es allerdings nicht um Religiosität, sondern um Gewohnheit, um ein bestimmtes Rollenverhalten, von dem sie selbst im Angesicht der Katastrophe nicht abweichen kann. Denn für sie gibt es »keine denkbare Erschütterung, welche die Einteilung in vier feste Vorstellungen (mit Matinee und Spätvorstellung auch sechs) anrühren konnte«. Nicht nur hier zeigen sich in der Darstellung der Bombardierung des Halberstädter Kinos auch humoristische Akzente. Der Erzähler dieser Passage weist beispielsweise darauf hin, dass die Zerstörung »der rechten Seite des Theaters« in keinem »sinnvollen oder dramaturgischen Zusammenhang« mit dem vorgeführten Film steht. Gleichzeitig wird mit der Mehrdeutigkeit des Substantivs »Erschütterung« gespielt, die seelische Erschütterung, die durch die Kinofilme erzeugt werden kann, wird mit dem Einschlag der Bomben in Beziehung gesetzt. An einer anderen Stelle wird vom Anruf Oberst Kuhlakes berichtet, eines »hohen Offiziers vom OKW«, der wissen will, wie die Situation in Halberstadt, am Lindenweg 14, ist. Der Telefonist in Klein Quenstedt spricht von einem »›Rauchpilz über der Stadt‹«. Dann heißt es weiter: »Höhe und Breite des Pilzes konnte er nicht angeben. Sollte er ein Zentimetermaß ans Fenster halten?« Einer der Setzer in der Schriftleitung schlägt vor, vorbeilaufende Menschen zu bitten, in einen Eimer zu urinieren, um mit der Flüssigkeit Feuer zu löschen. Die Leute sollten »abgemolken werden«. Alexander Kluge arbeitet hier auch deshalb mit den Mitteln der Komik, weil er zeigen möchte, dass die groteske Verzerrung der Situation für manche Menschen am Boden die einzige Reaktionsform darstellt, um mit dem Schrecken des Moments zurechtzukommen.

Humoristische Akzente

Auffälliges Merkmal in der ästhetischen Konstruktion vom *Luftangriff auf Halberstadt* ist der Wechsel zwischen abstrakten und konkreten Blickwinkeln. Kluge schildert die Reaktionen der Halberstädter während des Angriffs, beschreibt eine Hochzeitsgesellschaft, den Friedhofsgärtner Bischoff oder die Turmbeob-

Wechsel zw. abstrakten u. konkreten Blickwinkeln

achterinnen Frau Arnold und Frau Zacke. In dem Abschnitt »Strategie von oben« steht dagegen weniger die Darstellung von Reaktionsweisen einzelner Personen zu einem bestimmten Zeitpunkt im Vordergrund, sondern geht es vielmehr um die organisatorischen Prinzipien des Luftkriegs. Im Zuge des »Cross-Mapping«, einer Technik, bei der gegensätzliche Sachverhalte miteinander konfrontiert werden, lässt Kluge unterschiedliche Zeitformen korrespondieren. Der kurze Luftangriff, bei dem an einem Sonntagmorgen in ungefähr einer halben Stunde ein Großteil der Stadt zerstört wird, ist Teil einer übergeordneten historischen Entwicklung: Momentaufnahmen stehen jahrzehntelangen Prozessen gegenüber. So spielt an einer Stelle der britische Luftmarschall Hugh Trenchard (1873–1956) eine Rolle, von dem die sogenannte Trenchard-Doktrin aus dem Jahr 1928 stammt, welche die Area Bombing Directive von 1942 vorbereitete. Trenchard hatte »Verdun-Erfahrung«, heißt es, sei aus der »Kavallerie hervorgegangen, die auf Hannibal zurückgeht, der wiederaufnimmt, was frühe Baumkletterer in der Gattungsgeschichte veranlaßt hat, nahrhafte Amnioten-Eier übergroßer Saurier zu finden, von unten oder von der Seite die Schale aufzubeißen und entweder die Brut dort hineinzulegen oder sie für sich selber auszusaugen«. Kluge spannt hier einen zeitlichen Bogen von 1928 bis zurück zu den Sauriern, ein Zeitfaden von Millionen von Jahren wird sichtbar. An die Abbildungen von Piloten, Bomben, Formationen der Flugzeuge, die Kluge dem Text beigegeben hat, lagern sich weitere Bedeutungsschichten wie »Krieg, planmäßige, rational durchorganisierte Vernichtung, Tod und Überlegenheit, Macht, Sieger« an (Bechtold, *Sinnliche Wahrnehmung von sozialer Wirklichkeit*, S. 143).

Trenchard-Doktrin

Plastisch in der Darstellung wirkt der *Luftangriff auf Halberstadt* gerade durch die Fokussierung eines Ereignisses aus mehreren Blickwinkeln. »Die Geschichte zerfällt in eine Vielzahl von Geschichten«, konstatiert Götz Großklaus (»Katastrophe und Fortschritt«, S. 193). Die Verwendung unterschiedlichster Perspektiven entspricht Kluges Arbeitsweise der Montage, die sowohl in seinen Filmen als auch in seinen Büchern zur Anwendung gelangt. Seine filmischen und literarischen Werke sind zusammengesetzt aus einzelnen, häufig disparat erscheinenden

Montage

Elementen. Seine Verfahrensweise besteht darin, dass er in einem ersten Produktionsschritt umfangreiches Material ansammelt, danach in einer zweiten Phase aus diesem Fundus auswählt und dann die Reihenfolge der einzelnen Komponenten bestimmt. Im Gegensatz etwa zu einem Kriminalroman, wo es die Dramaturgie des Zusammenhangs unmöglich macht, die einzelnen Elemente (Handlungsstränge, Ereignisse, Aussagen, Dialoge) zu vertauschen, zeigt sich beim *Luftangriff auf Halberstadt* eine gelockertere Fügung der Erzählsequenzen. Der Bericht der »Turmbeobachterinnen, Frau Zacke und Frau Arnold« könnte sich auch vor dem »Friedhofsgärtner Bischoff« befinden; der Rhythmus der Erzählung würde sich zwar ändern, der Gesamtzusammenhang bliebe jedoch erkennbar.

Aufsplitterung in einzelne Erzählsequenzen

Die Aufsplitterung der Erzählung in einzelne Sequenzen entspricht der Erlebniswelt der Protagonisten am Boden, die während des Angriffs – wohl teilweise atemlos – um ihre Leben bangten. »Einen stärkeren *Real*druck als den, den wir 20 Minuten so einer Stadt aufdrücken, gibt es gar nicht«, sagt Brigadegeneral Robert B. Williams dem Londoner Korrespondenten der *Neuen Zürcher Zeitung*, Wilfried Keller (vgl. S. 64). Dieser »*Real*druck« resultiert aus dem Gefühl des Ausgeliefertseins während des Angriffs (und wohl auch eine gewisse Zeit danach). Im *Luftangriff auf Halberstadt* versucht Kluge, den »Realdruck« aus unterschiedlichen Perspektiven und mit den Mitteln der Lakonie in Worte zu fassen: »Die Verkürzung des Erzählten und der Rede ist eine der auffälligsten Gesten Kluges«, stellt Stefanie Carp hierzu fest (Carp, *Kriegsgeschichten*, S. 145).

Multiperspektivität

Erinnerungslosigkeit nach dem Angriff

Im Gegensatz zu der Extremerfahrung der Halberstädter Bevölkerung am Tag der Bombardierung steht die scheinbare Erinnerungslosigkeit der Menschen nach dem Angriff. Der Text endet mit der Sequenz »Besucher vom anderen Stern«, in der ein amerikanischer Offizieller im Mai 1945 die Bevölkerung über ihr Verhältnis zum Luftangriff befragt. »Es schien, als ob die Bevölkerung, bei offensichtlich eingeborener Erzähllust, die psychische Kraft, sich zu erinnern, genau in den Umrissen der zerstörten Flächen der Stadt verloren hätte«, heißt es am Schluss des Textes. Der amerikanische Besucher macht die Erfahrung, dass die Halberstädter zwar allesamt redselig sind, allerdings

Stereotype Antworten

bringen die Fragen nach dem Luftangriff nur stereotype Antworten hervor, Sätze wie »An jenem furchtbaren Tag, an dem unsere schöne Stadt dem Erdboden gleichgemacht wurde«. Die Berichte der Augenzeugen, kurze Zeit nach dem Bombardement, ergeben keinen authentischen Eindruck von den Ereignissen an diesem Tag. Die Frage nach den Gründen für diese scheinbare Erinnerungslosigkeit ist schwer zu beantworten. Hängt es vielleicht mit der Person des Befragenden, des Amerikaners, zusammen, dem man sich nicht völlig offenbaren möchte? Erzählt man im engsten Familienkreis anders? Wird Wissen zurückgehalten? Oder ist die traumatische Erfahrung derart stark, dass durch stereotype Aussagen versucht wird, Distanz zu dem Geschehen zu erzeugen?

Was bei den Berichten der Halberstädter vermisst wird, sind reflektierte Schilderungen der Ereignisse. Diese Reflexion würde allerdings eine Verarbeitung der Erlebnisse voraussetzen. Dass sie nicht stattgefunden hat, hängt sicher mit dem frühen Zeitpunkt der Befragung wenige Wochen nach dem Angriff zusammen. Hinzu kommen Überlegungen zum Selbstverständnis der Menschen. Kluge unterscheidet zwischen denjenigen Personen, die »Produzenten ihres eigenen Lebens«, und denen, die »Zuschauer ihres eigenen Lebens« sind. (Gespräch mit dem Autor dieses Kommentars) Die »Produzenten« gestalten ihr Leben selbst, verfügen unabhängig über größere Teile ihrer Lebenszeit. Die »Zuschauer« dagegen sind eingebunden in gesellschaftliche Zusammenhänge, die von ihnen kaum verändert werden können. Diese Unterscheidung zwischen aktiv und passiv wird auch beim *Luftangriff auf Halberstadt* deutlich. Die angegriffenen Menschen am Boden sind nur noch Zuschauer ihrer eigenen Existenz, können lediglich reagieren, besitzen keinen Gestaltungsspielraum mehr. Diese Passivität drückt sich auch in der kollektiven Situation der Zeit von 1933 bis 1945 aus. Das öffentliche Leben in der NS-Diktatur war für die meisten Menschen durch Fremd-, nicht durch Selbstbestimmung geprägt. Hatte man zu Beginn des Kriegs durch die schnellen deutschen Siege womöglich noch das Gefühl, ein dominierender Akteur im Weltgeschehen zu sein, so war nach der Niederlage in Stalingrad Anfang 1943 vielen Leuten klar, dass der Krieg nicht mehr zu

»Produzenten« vs. »Zuschauer« ihres eigenen Lebens

gewinnen war, Deutschland fortan nicht mehr agieren, sondern nur noch reagieren konnte. Die Perspektive der Niederlage, die zunehmenden schweren Bombenangriffe auf deutsche Städte sorgten für extreme Verunsicherung in der Bevölkerung. Mit der Antwort einer Befragten aus Halberstadt an den amerikanischen Offiziellen endet *Der Luftangriff auf Halberstadt*: »An einem gewissen Punkt der Grausamkeit angekommen, ist es schon gleich, wer sie begangen hat: sie soll nur aufhören.« Vom Standpunkt der »Strategie von unten« erhält der Leser hier eine Stellungnahme zur Schuldfrage. Ab einem gewissen Grad der Gewalteinwirkung ist die Frage nach der Instanz, die dafür verantwortlich ist, sinnlos.

Ökonomische Faktoren des Luftkriegs

Von Belang für die Interpretation von Kluges Text über den Bombenangriff sind überdies die Hinweise auf die ökonomischen Faktoren des Luftkriegs. Die Rede ist von »fliegenden Industrieanlagen« und von »wertvollen Bomben«, die auch als »Ware« bezeichnet werden. Der Bombenkrieg wird als wirtschaftliches Phänomen dargestellt, als ein Industriezweig, der im Heimatland Arbeitsplätze schafft. Die für Kluges Werk so bedeutende Kategorie des »Sich-Mühe-Gebens« kann auch auf die Herstellung aller Materialien bezogen werden, die für Luftangriffe wichtig sind. Die Rüstungsindustrie, die für den Tod etlicher Menschen verantwortlich ist, wird nicht unter moralischen Gesichtspunkten betrachtet, erscheint vielmehr als ein etablierter Arbeitsbereich innerhalb eines Wirtschaftssystems. Es hat den Anschein, als seien sich die Produzenten gar nicht im Klaren über die verheerenden Folgen ihrer hergestellten »Ware«. »Die Bomberbesatzungen sind auch nur im eingeschränkten Sinne Handelnde, […] auch muss ihnen die Vernichtung als Arbeit (›normale Tagesschicht‹) erscheinen, die hierarchisch und arbeitsteilig organisiert ist und so das Verantwortungsgefühl verkleinert«, schreibt Norbert Pfaff (Pfaff, »Luftkrieg als Exempel«, S. 25). Bei den »fliegenden Industrieanlagen« muss man sich vor Augen halten, dass sich allein in den 215 B-17-Bombern über Halberstadt (in jeder Maschine saßen zehn Personen) insgesamt 2150 Menschen über der Stadt befanden. Man kann also allein aufgrund der Anzahl der Personen von einem fabrikartigen Zusammenhang sprechen. Außerdem sind die technischen

»Fliegende Industrieanlagen«

und organisatorischen Voraussetzungen, die den Einsatz eines solchen Bomberstroms ermöglichen, von ihrem komplexen Aufbau her mit einer Industrieanlage vergleichbar.

Arbeitssituationen in der Luft u. am Boden

Kluge kontrastiert die Arbeitssituationen in der Luft mit denen am Boden. Während die Besatzungen in den Maschinen ihre Vorgaben erfüllen, können die Halberstädter ihre Aufgaben nicht mehr wahrnehmen. Frau Schrader, die Leiterin des Kinos, fühlt sich, nachdem das Kino zerstört ist, »zu nichts mehr nütze«. Der »Berufsfeuerwehr-Offizier« aus Köln sagt über den Brand im Theater: »Das war eine klare Entscheidung: muß man abbrennen lassen.« Dem Heizer Karl Lindau nützt seine Arbeitskraft nichts gegen die Einschläge der Bomben. Die Menschen am Boden werden aus ihren Arbeitszusammenhängen herausgerissen, ihre gesellschaftliche Funktion (wie man an Karl Lindau und Frau Schrader erkennen kann) ist damit radikal infrage gestellt. Sie erleben das, was Kluge in anderen Zusammenhängen als »Sinnentzug« charakterisiert hat, womit er auf Situationen im Leben von Menschen anspielt, in denen sie durch Verlust (des Arbeitsplatzes, von Mitmenschen, von Überzeugungen) den Halt verlieren, ihre soziale Identität gefährdet ist.

Bomben als »Ware«

Brigadier Anderson sagt im Gespräch mit dem Halberstädter Reporter Kunzert, dass es sich bei den Bomben um »teure Sachen« und um »Ware« handelt, die »runter auf die Stadt« muss: »Man kann das praktisch auch nicht auf die Berge oder das freie Feld hinschmeißen, nachdem es mit viel Arbeitskraft zu Hause hergestellt ist.« Es sind also auch wirtschaftliche und nicht ausschließlich politische Erwägungen, die zu der Zerstörung einer Stadt und dem Tod von Menschen führen. Der Ausdruck »Ware« für die Bomben wirkt ungewöhnlich, weil man dadurch den Eindruck gewinnt, es gäbe im Luftkrieg eine Situation des Handelns, es stünde einem Verkäufer ein Kunde gegenüber. Kluge will verdeutlichen, dass der Luftkrieg u. a. durch das System von Angebot und Nachfrage geregelt wird und dass es sich um einen Wirtschaftszweig handelt; man möchte also nicht Arbeitslosigkeit in Kauf nehmen, selbst wenn der Luftkrieg aus moralischen Gründen kaum zu rechtfertigen ist.

Luftkrieg als System v. Angebot u. Nachfrage

Als der Reporter den Brigadier mit dem Gerücht konfrontiert, die Bomberverbände hätten wieder kehrtgemacht, »wenn bis

11 Uhr eine große weiße Fahne am linken Turm der Martinikirche gehißt worden wäre«, gibt dessen Reaktion zu erkennen, dass die einmal in Bewegung gesetzten Bomberstaffeln nur schwer (und schon gar nicht durch eine weiße Fahne) von außen navigierbar sind, besonders bei Meldungen, deren Richtigkeit nicht sofort überprüft werden können. Woher sollten die Flieger wissen, dass die weiße Fahne am Martiniturm tatsächlich eine kampflose Übergabe der Stadt bedeutet? Brigadier Anderson weist darauf hin, dass es sich ebenso um eine »List« handeln könnte. Er beschreibt allerdings auch den langwierigen Übermittlungsweg, den die Mitteilung der kampflosen Übergabe hätte nehmen müssen. Wegen des komplexen organisatorischen Aufbaus der alliierten Luftwaffe hätte die Nachricht so viele Stellen passieren müssen, dass die Meldung den Zielpunkt kaum zeitnah erreicht hätte.

Die Überlegungen innerhalb des Dialogs zwischen Kunzert und Anderson zielen in eine ähnliche, kontrafaktische Richtung wie die Gedanken von Gerda Baethe, dass nämlich »seit 1918 siebzigtausend entschlossene Lehrer, alle wie sie, in jedem der am Krieg beteiligten Länder, je zwanzig Jahre, [hätten] hart unterrichten müssen«, um das sich anbahnende Unglück abzuwenden. Eine weitere Entsprechung zu dieser Vorstellung findet sich in der Formulierung über die verzweifelten Handlungen der Halberstädter während des Luftangriffs: »Mit den Hirnen von morgen könnten sie in diesen Viertelstunden praktikable Notmaßnahmen ersinnen.« Hier wie im gesamten Text spielt der Modus des Konjunktivs eine wichtige Rolle: Hätte man gewusst, was an diesem 8. April passieren würde, hätte man sich darauf einstellen und der Katastrophe entgehen können. Die Erzählung geht über den 8. April 1945 hinaus, die Zeit davor und danach wird mit dem Ereignis in Beziehung gesetzt. Der Satz über die »Hirne von morgen« spielt an auf die Lernfähigkeit der Menschen, denn was aus dem Unglück gelernt werden konnte, war in einem praktischen Sinn dann nicht mehr anwendbar: Der Krieg war vier Wochen später vorbei, die Menschen mussten sich nicht mehr vor Luftangriffen schützen. Außerdem waren viele Halberstädter bei dem Angriff umgekommen; eine Chance, aus dem Bombardement zu lernen, hatten sie nicht. In diesem Sinn kann

Modus des Konjunktivs

auch der Titel einer längeren Erzählung von Alexander Kluge verstanden werden, nach der 1973 eine Sammlung mit Texten von ihm benannt ist: *Lernprozesse mit tödlichem Ausgang*.

Gattungszugehörigkeit

Wer den *Luftangriff auf Halberstadt* erstmals liest, wird sich vermutlich über die Gattungszugehörigkeit des Textes Gedanken machen. Handelt es sich hier um einen Sachtext oder einen literarischen Text? Kein Untertitel gibt z. B. mit Substantiven wie »Erzählung«, »Novelle« oder gar »Roman« darüber Auskunft. Auch wenn im Titel des Bandes *Unheimlichkeit der Zeit* auf die Gattung der »Geschichte« hingewiesen wird, so unterscheidet sich *Luftangriff auf Halberstadt* durch Länge und Komplexität von anderen »Geschichten« Kluges. David Roberts schreibt über die Form dieses Textes: »Die Rekonstruktion setzt sich aus vielen heterogenen Formelementen zusammen – Abbildungen, Fotografien der Bombardierung, Stadtkarten, Flugroute der angreifenden Bomber, Bomberstaffelung mit Seiten-, Heck- und Draufsicht (schematisierte Darstellung), Diagrammen und Spezifikationen der Bombentypen, Erlebnis- und Einsatzberichten, Momentaufnahmen, Lageberichten, Zitaten aus der Sachliteratur, Fußnoten, Kastentexten, Expertendiskussionen, Interviews usw.« (Roberts, »Alexander Kluge und die deutsche Zeitgeschichte«, S. 81)

Intermedialität

In der Sekundärliteratur zu Alexander Kluge wird häufig mit dem Begriff ›Intermedialität‹ operiert. Damit wird zum einen der offensichtlichen Tatsache Rechnung getragen, dass er auf unterschiedlichen Gebieten (Literatur, Fernsehen, Film und Theorie) tätig ist, aber zum anderen auch der Mischcharakter seiner Arbeiten gekennzeichnet, die sich aus Schrift- und Bildmaterialien (wie Fotos, Karten, Skizzen, Zeichnungen etc.) zusammensetzen. Ein literarischer Text von Kluge besitzt außerdem immer auch filmische und theoretische Anteile, umgekehrt werden in einem Film oder einer Fernseharbeit von ihm ebenfalls literarische Aspekte sichtbar.

»Antirhetorisches« Arbeiten

Kluges Vorstellung von Literatur ist bestimmt durch die Idee des »antirhetorischen« Arbeitens. Er geht davon aus, dass die literarische Tätigkeit weniger aus symbolischen oder metaphorischen Chiffrierungen von Erfahrungen besteht, der Leser also den Erlebnisgehalt des Textes nicht umständlich aufschlüsseln muss. Kluge sieht keine Notwendigkeit darin, den alltäglichen Sprachgebrauch (ob nun in der Kneipe, am Bahnhof, in der Universität oder im Wohnzimmer) zu erweitern. Die Sprache, in der seine Texte gehalten sind, ist den Lesenden vertraut. Auch im *Luftangriff auf Halberstadt* entstehen die Schwierigkeiten im Textverständnis nicht durch den literarischen Gebrauch der Wörter; der Leser begreift sehr schnell, was sich ereignet, welche Personen involviert sind, wo und wann die Handlung angesiedelt ist. Die Probleme bei der Lektüre resultieren vielmehr aus dem teilweise hohen Abstraktionsgrad der Sprache sowie aus den Lücken und Auslassungen, aus all dem, was vom Autor nicht erzählt wird. Dieses Nichterzählte, das der Leser in seiner Fantasie zu entwickeln hat, entsteht bei Kluge v. a. durch die Technik der Montage, durch das Gegeneinandersetzen einzelner Ereignisse, aber auch durch die Konfrontation von Text- und Bildmaterial. Helmut Heißenbüttel (1921–1996) schreibt dazu: »Das Dazwischenliegende, das Ausgesparte, das Unformulierte und Nichtformulierbare ist es eigentlich, das zusammenhält. Nicht dadurch, daß es so etwas wie ein außertextliches mystisches Unsagbares bildet, sondern dadurch, daß es die Bruchkanten des Textes gegeneinander hält und dadurch, daß es die Aktivität des Lesers und Sehers provoziert, daß der aktive Leser ausdrücklich gefordert wird.« (Heißenbüttel: »Der Text ist die Wahrheit«, S. 7) Wenn Heißenbüttel hier von den »Bruchkanten des Textes« spricht, dann bezieht er sich auf die Technik der Montage. Zwischen diesen »Bruchkanten«, dem Übergang von einem Textabschnitt zum nächsten, findet sich Platz für die Fantasie des Lesers. Heißenbüttel zufolge wird bei Kluge der »aktive Leser ausdrücklich gefordert«.

Probleme bei der Lektüre

H. Heißenbüttel

1975, kurz vor Abfassung des *Luftangriffs auf Halberstadt* hat Alexander Kluge in dem Text »Die schärfste Ideologie: daß die Realität sich auf ihren realistischen Charakter beruft« seine Vorstellung von Literatur dargelegt. Zentral in diesem Text ist der Satz: »Das Motiv für Realismus ist nie Bestätigung der Wirklichkeit, sondern Protest.« (Kluge, *Gelegenheitsarbeit einer Sklavin*, S. 216) Für Kluge entsteht also Literatur aus einem Gegensatz heraus: Der Mensch trifft auf eine Wirklichkeit, mit der er nicht einverstanden ist. Diesen Gegensatz zwischen Mensch und Welt

»Antagonistischer Realismusbegriff«

versucht Kluge mithilfe des Ausdrucks vom »antagonistischen Realismusbegriff« zu fassen. Aus seiner Literatur geht hervor, dass diese Gegensätze emotional von einfacher und komplexer Natur sein können. Ein Kind stößt sich den Kopf an der Tischplatte, ein Mann wird von seiner Frau verlassen. In beiden Fällen finden sich Menschen, die nicht einverstanden sind mit der Wirklichkeit. Dieser Protest liegt für Kluge auch der Literatur zugrunde. Es gibt wohl nur wenige Texte in seinem Werk, die diesen Protest exemplarischer verdeutlichen als *Der Luftangriff auf Halberstadt*.

Literaturhinweise

1. Literatur von Alexander Kluge

a) Ausgaben von »Der Luftangriff auf Halberstadt am 8. April 1945«

»Der Luftangriff auf Halberstadt am 8. April 1945«. In: ders.: *Neue Geschichten. Hefte 1–18. ›Unheimlichkeit der Zeit‹*. Frankfurt am Main 1977, S. 33–106.

»Der Luftangriff auf Halberstadt am 8. April 1945«. In: ders.: *Der Pädagoge von Klopau und andere Geschichten*. Berlin 1981, S. 215–298.

»Der Luftangriff auf Halberstadt am 8. April 1945«. In: ders.: *Chronik der Gefühle*. Band II. Frankfurt am Main 2000, S. 27–82.

Der Luftangriff auf Halberstadt am 8. April 1945. Frankfurt am Main 2008 [darin enthalten: Alexander Kluge, »Was heißt ›wirklich‹ im nachhinein? 17 weitere Geschichten zm Luftkrieg«, S. 91–128, sowie: W. G. Sebald, »Zwischen Geschichte und Naturgeschichte. Versuch über die literarische Beschreibung totaler Zerstörung mit Anmerkungen zu Kasack, Nossack und Kluge«, S. 129–140].

b) Weitere im Kommentar erwähnte Werke von Alexander Kluge

Lebensläufe. Stuttgart 1962.

»Die schärfste Ideologie: daß die Realität sich auf ihren realistischen Charakter beruft«. In: ders.: *Gelegenheitsarbeit einer Sklavin*. Frankfurt am Main 1975, S. 215–222.

Neue Geschichten. Hefte 1–18. ›Unheimlichkeit der Zeit‹. Frankfurt am Main 1977.

Die Patriotin. Texte/Bilder 1–6. Frankfurt am Main 1979.

Kluge, Alexander/Negt, Oskar: *Geschichte und Eigensinn*. Frankfurt am Main 1981.

»Rede über das eigene Land: Deutschland«. In: ders.: *Theodor Fontane, Heinrich von Kleist und Anna Wilde. Zur Grammatik der Zeit*. Berlin 1987, S. 38–58.

»Krieg«. In: *Die Welt der Encyclopédie*. Hg. von Anette Selg und Rainer Wieland. Frankfurt am Main 2001, S. 211–216.

»Mein wahres Motiv«. In: ders.: *Tür an Tür mit einem anderen Leben*. Frankfurt am Main 2006, S. 594–597.

»Erst später verstand ich, worum es sich handelte«. In: ders.: *Das fünfte Buch*. Berlin 2012. S. 96–97.

2. Literatur zu Alexander Kluge

Bechtold, Gerhard: *Sinnliche Wahrnehmung von sozialer Wirklichkeit. Die multimedialen Montage-Texte Alexander Kluges*. Tübingen 1983.

Bosse, Ulrike: *Alexander Kluge – Formen literarischer Darstellung von Geschichte*. Frankfurt am Main 1989.

Carp, Stefanie: *Kriegsgeschichten. Zum Werk Alexander Kluges*. München 1987.

Drews, Jörg: »Ein humaner Pessimist? Zu Alexander Kluge: ›Neue Geschichten‹«. In: ders.: *Luftgeister und Erdenschwere. Rezensionen zur deutschen Literatur 1967–1999*. Frankfurt am Main 1999, S. 83–87.

Enzensberger, Hans Magnus: »Ein herzloser Schriftsteller«. In: *Der Spiegel*. 32. Jg. Nr. 1, 2.1.1978, S. 81–83.

Großklaus, Götz: »Katastrophe und Fortschritt. Alexander Kluge: Suche nach dem verlorenen Zusammenhang deutscher Geschichte«. In: *Die Schrift an der Wand. Alexander Kluge: Rohstoffe und Materialien*. Hg. v. Christian Schulte. Osnabrück 2000, S. 175–202.

Heißenbüttel, Helmut: »Der Text ist die Wahrheit«. In: *Text + Kritik*: Alexander Kluge. H. 85/86. 1985, S. 2–8.

Hoffmann, Birthe: »Synoptisches Erzählen. Darstellungen des Bombenkriegs bei Gert Ledig, Alexander Kluge und Dieter Forte«. In: *Text und Kontext*. 2009, S. 136–159.

Jens, Walter: »Mein Taschenbuch. Alexander Kluge: ›Neue Geschichten‹«. In: *Die Zeit*. Nr. 27. 30.6.1978.

Pape, Walter: »›Mich für mein ganzes Leben verletzendes Geschehen als Erlebnis‹. Die Luftangriffe auf Salzburg (1944) in Thomas Bernhards ›Die Ursache‹ und Alexander Kluges ›Der Luftangriff auf Halberstadt am 8. April 1945‹«. In: *Bombs away! Representing the Air War over Europe and Japan*. Hg. v. Wilfried Wilms u. William Rasch. Amsterdam 2006, S. 181–197.

Pfaff, Norbert: »Luftkrieg als Exempel. Alexander Kluges ›Luftangriff auf Halberstadt‹«. In: *Deutschunterricht*. 2006. H. 2, S. 23–29.

Raddatz, Fritz J.: »Unheimlichkeit der Zeit. Alexander Kluge: ›Neue Geschichten‹«. In: *Die Zeit*. Nr. 52. 23.12.1977.

Roberts, David: »Alexander Kluge und die deutsche Zeitgeschichte: *Der Luftangriff auf Halberstadt am 8.4.1945*«. In: *Alexander Kluge*. Hg. v. Thomas Böhm-Christl. Frankfurt am Main 1983, S. 77–116.

Schirnding, Albert von: »Kein Abschied von gestern«. In: *Merkur*. H. 2. 1978, S. 205–208.

Schütte, Wolfram: »Ein Epiker des Differentials. Die Zukunft der Erinnerung oder Alexander Kluges ›Neue Geschichten‹/Deutsche Gegenwarts-Weltliteratur«. In: *Frankfurter Rundschau*. 7.1.1978.

Sebald, W. G.: »Zwischen Geschichte und Naturgeschichte. Über die literarische Beschreibung totaler Zerstörung«. In: ders.: *Campo Santo*. Hg. v. Sven Meyer. München 2003, S. 69–100. [Die Passage über Kluges Text ist ebenfalls abgedruckt in: Alexander Kluge: *Der Luftangriff auf Halberstadt am 8. April 1945*. Frankfurt am Main 2008, S. 129–140.]

Sontheimer, Kurt: »Vergebliche Suche nach einem Genie«. In: *Deutsche Zeitung*. 10.2.1978.
Steinaecker, Thomas von: *Literarische Foto-Texte. Zur Funktion der Fotografien in den Texten Rolf Dieter Brinkmanns, Alexander Kluges und W. G. Sebalds*. Bielefeld 2007.
Zeller, Michael: »Alexander Kluges unterkühlte Katastrophenoptik«. In: *Frankfurter Allgemeine Zeitung*. 7.1.1978.

3. Literatur bzw. Filmmaterial zum Luftkrieg

Boog, Horst u.a.: *Das Deutsche Reich in der Defensive. Strategischer Luftkrieg in Europa, Krieg im Westen und in Ostasien 1943–1944/45*. Stuttgart 2001.
Friedrich, Jörg: *Der Brand. Deutschland im Bombenkrieg 1940–1945*. Frankfurt am Main 2002.
Hage, Volker: *Zeugen der Zerstörung. Die Literaten und der Luftkrieg. Essays und Gespräche*. Frankfurt am Main 2003.
Hartmann, Werner: *Halberstadt brennt. Dokumentation über die Zerstörung der Stadt Halberstadt am 8. April 1945*. Halberstadt 1990.
Neumann, Klaus: »Lange Wege der Trauer. Erinnerungen an die Zerstörung Halberstadts am 8. April 1945«. In: *Luftkrieg. Erinnerungen in Deutschland und Europa*. Hg. v. Jörg Arnold u.a. Göttingen 2009, S. 203–220.
Operation Sardine. Die Zerstörung von Halberstadt. Ein Film von Marcus Ahrens. Regionalfernsehen Harz 2005.
Sebald, W. G.: *Luftkrieg und Literatur*. Frankfurt am Main 2001.
»Summary Report«. In: *The United States Strategic Bombing Survey*. Volume 1. New York 1976.

4. Weitere Literatur

Benz, Wolfgang u.a. (Hg.): *Enzyklopädie des Nationalsozialismus*. München 2007. Aktualisierte Neuauflage.
Fuchs, Karl Heinz/Kölper, Friedrich Wilhelm (Hg.): *Militärisches Taschenlexikon. Fachausdrücke der Bundeswehr*. Bonn 1958.
Kafka, Franz: *Tagebücher 1910–1923*. Frankfurt am Main 1983.

9.20 **Sprengbombe:** Eine Sprengbombe explodiert nach Abwurf am Boden durch Zeit- oder Aufschlagzünder. Im Gegensatz zur Brandbombe soll die Sprengbombe keine Brände entfachen, sondern Zerstörungen an Gebäuden oder Straßen herbeiführen.

9.23 **Vollalarm:** Höchste Alarmstufe, bei unmittelbarer Gefahr; vorher kommt es zum Voralarm.

10.8 **4. und 5. Angriffswelle:** Da es bei den Angriffen darauf ankam, unterschiedliche Bombenarten in einer bestimmten Reihenfolge abzuwerfen, formierten sich die Flugzeuge je nach Ladung zu sogenannten Wellen.

11.11 **NSKK:** Bezeichnung für Nationalsozialistisches Kraftfahrkorps, eine Unterorganisation der NSDAP, die es sich zur Aufgabe machte, ihre Mitglieder über den Betrieb und die Wartung von Kraftfahrzeugen zu unterrichten.

12.8–9 **»Langen Höhle«:** Höhle, zu Luftschutzräumen ausgebaut, in den bei Halberstadt gelegenen Spiegelsbergen.

13.21 **Seidenraupen:** Die Raupen des Seidenspinners, einer v. a. in Ost- und Südasien vorkommenden Schmetterlingsart, spinnen zur Verpuppung einen Kokon, aus dem Seide hergestellt wird.

13.31 **Eingänge zu unterirdischen Anlagen:** Gemeint sind Stolleneingänge in den Spiegelsbergen, die in Foto »Nr. 6« im Rücken des Fotografen liegen. Solche Anlagen stehen in Verbindung mit dem Konzentrationslager Langenstein-Zwieberge in den weiter entfernten Thekenbergen (von KZ-Häftlingen errichtet).

20.12–13 **B-17-Fernbomber:** Dieses Flugzeug, auch *Flying Fortress* (›Fliegende Festung‹) genannt, war der bekannteste Bomber der amerik. Luftwaffe im Zweiten Weltkrieg. Zu ihrer Besatzung gehörten mindestens zehn Personen, von denen vier Maschinengewehre bedienten.

20.13 **Rauchzeichen:** Markierungsbomben, die von kleineren Flugzeugen abgeworfen werden, um den Bombern als Orientierung zu dienen für die Platzierung von deren Bomben.

21.16 **Unterstadt:** Halberstadt besteht aus einer Ober- und einer Unterstadt. Beide werden durch den Domberg getrennt. Die Unterstadt liegt tiefer als die Oberstadt. In der Geschichte der Stadt ergaben sich zwischen den beiden Stadtbereichen soziale Gegensätze.

Stäbchenbomben: Gemeint sind Stabbrandbomben. »Es han- 21.20
delte sich um einen schmalen, fünfundfünzig Zentimeter langen Stab mit einer Elektronhülle, eine Legierung aus Magnesium und Zink. [...] Ein einfacher Schlagbolzenzünder setzte über Zündhütchen, Zündpapier, Anfeuerungssatz und Anfeuerungspillen siebzehn Thermitpillen in Brand. Eine Stichflamme schoß hervor, der Elektronkörper zerschmolz zur weißglühenden Masse. Nach acht Minuten war sie erloschen. Im Freien bewirkte der Vorgang gar nichts; verband er sich aber mit den brennbaren Stoffen eines Hauses, kamen kilometerweite Feuersbrünste zustande.« (Friedrich, *Der Brand*, S. 27)

»Essels un Apen [...] en Struohsack slapen.«: »Esel und Affen, 23.13–16
das glaubet und hofft, werden beide verkauft! Muss auf einem Strohsack schlafen.« Mündlich überlieferter Ausspruch auf Plattdeutsch aus dem Huy, einem Höhenzug in der Nähe von Halberstadt.

Junkerswerke: In Halberstadt befand sich ab März 1935 eine 23.28–29
Zweigstelle der Junkerswerke, die ihren Hauptsitz in Dessau hatte. In den Junkerswerken wurden Flugzeuge und Motoren hergestellt.

»Träum mein kleines [...] ein reicher Kavalier.«: Schlager aus 25.1–3
den 1930er Jahren, komponiert von Will Meisel (1897–1967) und Joe Hajos (1907–1982), Text von Gerd Karlick und Albert Bennefeld.

SA: Die Sturmabteilung (SA) war in der Weimarer Republik eine 28.14
gewaltbereite Gruppierung der NSDAP, die bei Versammlungen gegnerische Organisationen bekämpfte. Nach der Ermordung von Ernst Röhm (1887–1934), des Chefs der SA, verlor die Gruppierung an Bedeutung.

NSV: Die Nationalsozialistische Volkswohlfahrt (NSV) war im 28.14
Dritten Reich eine Organisation, die sich um finanziell bedürftige Familien kümmerte und sich in der Kinder- und Jugendarbeit engagierte.

Kolonialwarenhandlung: Mittlerweile ungebräuchliche Be- 29.5–6
zeichnung für ein Geschäft, das mit Waren wie Reis, Tabak, Kakao, Zucker und Kaffee handelt, also Produkten aus den ehemaligen Kolonien.

29.28 **Steppdecke:** Mit Daunen oder synthetischem Material gefüllte Bettdecke, die durch Steppnähte in Felder gegliedert ist.

30.23 **Druckstöcke:** Druckplatte im Hochdruck (einem Druckverfahren, bei dem die druckenden Teile der Druckform höher liegen als die nicht druckenden), die durch Aufbringen auf eine Unterlage auf Schrifthöhe gebracht wird.

30.25 **Setzer:** Begriff aus dem Druckhandwerk: Person, die mit technischen Mitteln aus einem Manuskript eine Druckvorlage erstellt.

31.23 **Neysche III. Korps:** Militär. Einheit von Marschall Michel Ney (1769–1815) im Russlandfeldzug Napoleons 1812, welche die Nachhut beim Rückzug der franz. Armee bildete.

31.25 **Großen Armee:** ›La Grande Armée‹ nannte sich die franz. Armee unter Napoleon zwischen 1805 und 1815.

32.12 **Volksschullehrerin:** Die Volksschule ist ein in Deutschland veralteter Ausdruck für einen Schultyp, der Grund- und Hauptschule umfasste.

33.18–19 **EPA-Kaufhaus:** Schweizer Kaufhaus (EPA = Einheitspreis AG), das 1930 eröffnet wurde und günstige Waren anbot.

34.12 **Lungenbläschen:** Bestandteil der Lunge. Bei der Atmung kommt es hier zum Austausch zwischen Blut und Atemluft.

36.11–12 **»Und schöne, weiße [...] längst gestorben bin ...«:** Verse aus dem Gedicht »Feldeinsamkeit« (1860) von Hermann Allmers (1821–1902). Der Vers »Durchs tiefe Blau, wie schöne stille Träume: –«, der im Original zwischen den beiden zitierten Zeilen steht, ist ausgelassen worden.

38.9 **Zepter:** Urspr. der ausgeschmückte Stab eines Herrschers zur Repräsentation von Macht. Im alltäglichen Sprachgebrauch ist mit Zepter auch gemeint, dass jemand die Initiative ergreift.

38.14–15 **Organisation Todt:** Die Organisation Todt war eine 1938 gegründete, militär. organisierte Bautruppe, benannt nach ihrem Leiter Fritz Todt (1891–1942). Sie war zuständig für Bauvorhaben v. a. in den von Nazi-Deutschland besetzten Gebieten und errichtete u. a. den Westwall, eine über 600 km lange Verteidigungslinie an der Westgrenze des Deutschen Reiches.

38.17 **Vulkantrichter:** Teile der in Rheinland-Pfalz gelegenen Eifel sind geologisch geprägt durch Vulkanismus, u. a. sieht man dort auch Vulkankrater.

Er zeigte ihr […] die Poebene erreichten.: Idee des ital. Ingenieurs 38.20–21
Pietro Caminada (1862–1923), der 1907 Kanäle über die Alpen bauen wollte, um einen durchgängigen Wasserweg zwischen Nordsee und Mittelmeer zu schaffen. Pläne dieser Art werden von den Planern der Organisation Todt später wieder aufgenommen.

Alpen-Sperrriegel: Gemeint ist, dass die Einfahrt wie bei einer 39.0
Schleuse geregelt ist, Schiffe oder Boote also nur einzeln in diesen Teil des Kanalsystems gelangen können. An dieser Stelle kann der Verkehrsweg im Kriegsfall gesperrt werden.

»holdseligen Englein, du«: Anspielung auf den seinerzeit enorm 39.13
populären Schlager »Das kannst du nicht ahnen (Du munteres Rehlein, du)« von Karl Berbuer (1900–1977) aus dem Jahr 1938.

traditionell-kavalleristischen: Die Kavallerie ist eine militär. 40.1–2
Truppeneinheit, die zu Pferde kämpft, ausgerüstet mit Blank- oder Handfeuerwaffen.

OECD: Organization for Economic Co-operation and Develop- 41.12
ment (›Organisation für wirtschaftliche Zusammenarbeit und Entwicklung‹), 1961 gegründete internationale Organisation mit 34 Mitgliedsländern, die sich zu Demokratie und Marktwirtschaft bekennen.

***Post-Attack Farm Problems*:** Zu Deutsch: landwirtschaftliche 41.13
Probleme, die nach einem Angriff auftreten. Dabei geht es v. a. auch um die Auswirkungen nuklearer Waffen, die Verseuchung des Bodens, der zur landwirtschaftlichen Bebauung benötigt wird.

Sipri-Yearbook: Jahrbuch des Stockholm International Peace 41.13–14
Research Institute, einer Organisation, die sich mit Bewaffnung, Waffenkontrolle, Abrüstung und militär. Konflikten beschäftigt.

»Evolutionärer Stellenwert«: Evolution bezieht sich hier auf die 41.16
Entwicklung von Angriffsverfahren in der Geschichte des Krieges.

Einzelkämpfer von Valmy: Bei der Kanonade von Valmy (einem 41.19
franz. Dorf zwischen Verdun und Reims) handelt es sich um die Entscheidungsschlacht zwischen den Armeen von Preußen und Österreich einerseits und Frankreich andererseits am 20.9.1792. Der Ausdruck Einzelkämpfer bezieht sich darauf, dass die franz.

Revolutionsarmee nicht in der traditionellen Schlachtordnung antrat, sondern auch ohne äußerliche Formation zu kämpfen verstand, weil das persönliche Motiv die aus vielen Freiwilligen bestehende Truppe vorantrieb.

41.23 **deduktive Strenge:** Deduktion ist die Methode des Ableitens von Schlussfolgerungen aus vorgegebenen Behauptungen.

42.25 **Marinekorps:** Einheit der US-Marine, die als Landungstruppe, spezialisiert auf Einsätze an Land, tätig ist.

42.32–33 **»Steht wie ehemals […] schwand und Schwäne«:** Verse aus dem Gedicht »Schäfers Abschied« von Karl Kraus (1874–1936) aus dem Band *Worte in Versen IV* von 1919.

43.7 **Verdun-Erfahrung:** Erfahrung aus der Schlacht von Verdun (21.2.–20.12.1916) im Ersten Weltkrieg zwischen Deutschland und Frankreich, die äußerst verlustreich und ohne wesentliche Veränderung im Frontverlauf zu Ende ging.

43.8 **Hannibal:** Hannibal (ca. 246–183 v. Chr.), karthag. Feldherr, der dem Röm. Reich schwere Niederlagen zufügte.

43.10 **Amnioten-Eier:** Die Amnioten gehören zu den Wirbeltieren (Reptilien, Vögel, Säugetiere), bei denen sich der Embryo in einer Amnionflüssigkeit (also Fruchtwasser) bildet.

43.24–25 **Transaktion:** Der ungewöhnliche Ausdruck bezeichnet die Unterschiedlichkeit im gesellschaftlichen Austausch. Arbeitskräfte finden Anstellung, die sie ohne die Rüstungsindustrie nicht hätten. Familien der Flugzeugbesatzungen erhalten Unterhaltszahlungen (Sold), Unternehmen machen Gewinne.

44.6 ***Produktionsverhältnis*:** Begriff aus der Wirtschaftstheorie von Karl Marx (1818–1883), der sich auf das gesellschaftliche Verhältnis von Menschen bezieht, das auch das Verhältnis zu den Produkten ihrer Arbeit und den Grad ihrer Selbstbestimmung umfasst.

44.15 **Clausewitz:** Carl von Clausewitz (1780–1831), preuß. General, Heeresreformer und Militärtheoretiker, dessen Grundlagenwerk *Vom Kriege* (1832) bis heute von Einfluss ist.

44.29 **Platons:** Griech. Philosoph (428/427–348/347 v. Chr.), der seine Philosophie in Form des Dialogs entwickelte.

44.30 **Phaidros:** Dialog von Platon, in dem es u. a. um die Unsterblichkeit der Seele geht.

44.30–38 **»Daß die Seelen […] mit den Göttern …«:** Zitat aus Ernst K.

Specht: »Die psychoanalytische Theorie der Verliebtheit – und Platon«. In: *Psyche*. 1977. 31(2), S. 101–140, hier S. 106.

48.4–49.5 **»The Eighth Air Force […] crews bombed visually.«:** »Die 8. US-Luftflotte plante, am 8. April Ziele in der Nähe von Berlin anzugreifen. Diese Ziele lagen jedoch innerhalb der für russische Bombardierungseinsätze vorbehaltenen Linie und konnten deshalb nicht ohne vorherige Zustimmung durch die russischen Befehlshaber angegriffen werden. Da eine solche Genehmigung nicht vorlag, stellte die 8. US-Luftflotte einen Alternativplan auf, 25 Geschwader B-17 und 7 Geschwader B-24 einzusetzen, um andere Ziele in Deutschland anzugreifen.

Zwei der Ziele, die für die Bombardierung ausgewählt wurden, waren ein Flugplatz in Zerbst und ein Öllager in Staßfurt. Diese beiden militärischen Ziele sollten im Sichtflug angegriffen werden. Falls sie durch Wolken verdeckt waren, sollten die Flugzeuge den Rangierbahnhof in Halberstadt bombardieren, entweder im Sichtflug oder mit Radar.

Konsequenterweise flogen die Verbände zu ihren Alternativobjekten in Halberstadt. Weil 3/10 Bewölkung herrschte, wurden viele Bomben mithilfe von Instrumenten auf die Ziele abgeworfen, aber einige Besatzungen bombardierten mit Sicht.« Leicht redigierte Fassung von Werner Hartmanns Übersetzung (vgl. Hartmann: *Halberstadt brennt*, S. 46).

48.35 **Dom-Gymnasium:** Gymnasium in Halberstadt, am Dom gelegen, auch Stephaneum genannt, das Kluge bis 1946 besuchte.

49.16 **Ministeriums Speer:** Das Reichsministerium für Bewaffnung und Munition, ab Juni 1943 Reichsministerium für Rüstung und Kriegsproduktion, sollte für eine bessere Versorgung der Wehrmacht mit Waffen und Munition sorgen und war nach dem Tod von Fritz Todt, der es seit 1940 geleitet hatte, Albert Speer (1905–1981) unterstellt.

53.3 **Luftmarschall Harris:** Arthur Travers Harris, genannt Bomber-Harris (1892–1984), war Oberbefehlshaber des RAF Bomber Command und ab 1943 Air Chief Marshal der Royal Air Force. Er ist wegen der von ihm angeordneten Flächenbombardements dt. Städte, v. a. der Bombardierung Dresdens im Februar 1945, umstritten.

54.1 **Brigadier:** Ein militär. Dienstgrad, der sich zwischen Colonel und Major General befindet und damit der höchste Nicht-Generalsrang ist.

55.2 ***Institute for Strategic Studies*:** Internationales Institut für strategische Studien, eine brit. Forschungsstätte mit Hauptsitz in London, die sich mit militärpolit. Fragen beschäftigt.

56.6 **Moskitomaschine:** »Die britische Mosquito war ein zweimotoriger Jäger und Leichtbomber zugleich, der anfangs mit 0,8, später mit 1,8 Bombentonnen beladen auf 12 000 Meter Höhe stieg. [...] Die Mosquito war überwiegend aus Holz gebaut, so daß sie kaum Radarstrahlen reflektierte und deshalb nicht zu orten war. Neben ihrer Gabe, fast ungehindert kleinere Störangriffe zu fliegen, diente sie als Schleuser des Bomberschwarms.« (Friedrich, *Der Brand*, S. 32)

56.14 **Pfadfindermaschine:** Die Pfadfinderflugzeuge flogen meist vor dem Bomberstrom. Sie sollten die Verbände führen und die Zielpunkte durch Leuchtmunition markieren.

57.9 **Teppichwurf:** Teppichwurf bedeutet, dass eine hohe Zahl von Bomben gleichzeitig und in räumlicher Konzentration von den Flugzeugen abgeworfen werden.

58.20–21 **Breitsalben und Mull:** Mit Breitsalben ist der umfangreiche, in die Breite gerichtete Auftrag von Salben gemeint. Eine Mullbinde ist ein weitmaschiges Baumwollgewebe, das zum Verbinden von Wunden benutzt wird.

58.25 **Parademäßig:** Die Flugzeuge fliegen wie bei einer militär. Zeremonie, weil keine Gegenwehr zu befürchten ist.

59.19–20 **Divisionsstab, Armeekorps, den Stab der Armee, Heeresgruppe:** Eine Division ist ein militär. Verband in einer Sollstärke von 17 000 Soldaten. Der Divisionsstab, die Führungsabteilung der Division, besteht aus drei Einheiten: Führungsabteilung, Adjudantur und Quartiermeisterabteilung. – Ein Armeekorps besteht in der Regel aus drei Divisionen, also etwa 50 000 Mann. – Eine Armee besteht aus drei Korps. Die Führungsspitze heißt Armeestab. – Eine Heeresgruppe besteht aus mehreren Armeen.

59.20 **General Headquarters:** Gemeint ist die Supreme Headquarters Allied Expeditionary Force (SHAEF), das Hauptquartier der alliierten Streitkräfte mit Sitz in Reims, deren Oberbefehlshaber der amerik. Fünf-Sterne-General und spätere Präsident Dwight D. Eisenhower (1890–1969) war.

weiße Fahne: Der Status der weißen Fahne als Symbol der Kapitulation ist in Artikel 32 der Haager Landkriegsverordnung festgehalten. 59.31

Defätismus: Verhalten in Kriegszeiten, bei dem Personen Zweifel am militär. Sieg des eigenen Landes äußern. 60.14

Solar-Plexus: Punkt am Oberkörper, der zwischen dem zwölften Brust- und dem ersten Lendenwirbel an der Hauptschlagader liegt. 64.9

»Geist spricht aus dem brennenden Busch«: In einem brennenden Dornbusch auf dem Berg Horeb erschien Gott dem Mose und teilte ihm dort seinen Namen (Jahwe) mit. 64.26–27

»Der Weizen wächset mit Gewalt.«: Zeile aus dem geistl. Sommerlied »Geh' aus mein Herz und suche Freud« (1653) des Theologen und Kirchenlieddichters Paul Gerhard (1607–1676). 65.18

Landesschützen: Einheit der dt. Wehrmacht, in denen Landwehr- und Landsturmpflichtige Dienst taten. 65.21

Rekonvaleszent: Jmd., der sich von einer Krankheit erholt, sich im Zustand der Genesung befindet. 65.28

Typhusfälle: Typhus ist eine Infektionskrankheit mit Fieber, Bauchschmerzen und Darmverstopfung; unbehandelt kann die Krankheit tödlich verlaufen. 66.2

Infanterie: Bodentruppen; »Truppengattung des Heeres«, deren Stärke »im Kampf auf nahe und nächste Entfernung« liegt (Fuchs, *Militärisches Taschenlexikon*, S. 152). 67.10

»Endkampf«: Begriff der Propagandasprache des Dritten Reichs, der zur letzten Mobilmachung für die Verteidigung Deutschlands im Zweiten Weltkrieg aufrufen sollte. 67.30

Ortsgruppenleiter: Der Ortsgruppenleiter unterstand dem Kreisleiter. Die Ortsgruppe »umfaßte auf dem Lande eine oder mehrere Gemeinden, in der Stadt entsprach das Stadtteilen bzw. -vierteln« (Benz: *Enzyklopädie des Nationalsozialismus*, S. 689). 68.29

Garnison: »Friedensstandort eines Truppenteils« (Fuchs, *Militärisches Taschenlexikon*, S. 123). Halberstadt war 371 Jahre (1623–1994) eine Garnisonsstadt. 68.34–35

Renaissance-Erker: Ein Erker ist ein geschlossener Vorbau an einer Fassade, der in diesem Fall im Stil der Renaissance, also einer Epoche des 15./16. Jh.s, erbaut ist. 69.10

71.8 **SS:** Die Schutzstaffel (SS) war eine Organisation der NSDAP, die unter äußerster Geheimhaltung operierte und im Zweiten Weltkrieg für die Planung und Durchführung der Judenvernichtung und weiterer Kriegsverbrechen verantwortlich war.

75.7 **»Sang und Klang«:** Damit ist die mehrbändige Lied- und Notensammlung *Sang und Klang im 19. und 20. Jahrhundert. Ernstes und Heiteres aus dem Reich der Töne* gemeint.

75.8 ***Lied des Falstaff:*** Dieses Lied ist Teil der Oper *Die lustigen Weiber von Windsor* (1849) von Otto Nicolai (1810–1849).

75.15 **Clementi:** Muzio Clementi (1752–1832), ital. Pianist, Komponist und Musikpädagoge, dessen Klavierschule als Standardwerk galt.

75.15 **Arie:** Gesangsstück, das meistens in einer Oper von einem Sänger oder einer Sängerin vorgetragen wird.

75.22 **Herrenzimmer:** Gebräuchlicher Ausdruck aus den 1930er Jahren für ein mit bequemen Sesseln ausgestattetes Zimmer, in das sich die Männer nach dem Essen zurückzogen, um zu rauchen, zu trinken und zu diskutieren.

79.6 **Pimpfe:** Umgangssprachlicher Ausdruck für die zehn- bis 14-jährigen Jungen im Deutschen Jungvolk (DJ), einem Teil der Hitlerjugend.

84.1–4 **»Man sieht, wie […] vorliegende menschliche Psychologie …«:** Zitat von Karl Marx aus »Ökonomisch-Philosophische Manuskripte«. In: *Marx-Engels-Werke*. Bd. 40. Berlin 1968, S. 465–588, hier: S. 542f.

84.8–9 **Albert F. Simpson Historical Research Center:** Institut, das ein umfangreiches Archiv besitzt und zur Geschichte der amerik. Luftwaffe forscht.

86.8 **Versailles:** Im Versailler Vertrag von 1919 wurde die alleinige Verantwortung des Deutschen Reichs und seiner Verbündeten am Ausbruch des Ersten Weltkriegs festgehalten sowie die Abtretung von Gebieten und Reparationszahlungen an die Siegermächte geregelt.

Suhrkamp BasisBibliothek
Text und Kommentar in einem Band

»Die Suhrkamp BasisBibliothek hat sich längst einen Namen gemacht. Als ›Arbeitstexte für Schule und Studium‹ präsentiert der Suhrkamp Verlag diese Zusammenarbeit mit dem Schulbuchverlag Cornelsen. Doch nicht nur prüfungsgepeinigte Proseminaristen treibt es in die Arme der vielschichtig angelegten Didaktik, mit der diese unprätentiösen Bändchen aufwarten. Auch Lehrer und Liebhaber vertrauen sich gerne den jeweiligen Kommentatoren an, zumal die Bände mit erschöpfenden Hintergrundinformationen, Zeittafeln, Entstehungsgeschichten, Rezeptionsgeschichten, Erklärungsmodellen, Interpretationsskizzen, Wort- und Sacherläuterungen und Literaturhinweisen gespickt sind.«
Frankfurter Allgemeine Zeitung

Ingeborg Bachmann. Malina. Kommentar: Monika Albrecht und Dirk Göttsche. SBB 56. 389 Seiten

Jurek Becker. Jakob der Lügner. Kommentar: Thomas Kraft. SBB 15. 351 Seiten

Thomas Bernhard
- Amras. Kommentar: Bernhard Judex. SBB 70. 144 Seiten
- Erzählungen. Kommentar: Hans Höller. SBB 23. 171 Seiten
- Heldenplatz. Kommentar: Martin Huber. SBB 124. 205 Seiten

Marcel Beyer. Flughunde. Kommentar: Christian Klein. SBB 125. 347 Seiten

Bertolt Brecht
- Der Aufstieg des Arturo Ui. Kommentar: Annabelle Köhler. SBB 55. 182 Seiten

NF 279b/1/5.13

- Die Dreigroschenoper. Kommentar: Joachim Lucchesi. SBB 48. 170 Seiten
- Kalendergeschichten. Kommentar: Denise Kratzmeier. SBB 131. 196 Seiten
- Der gute Mensch von Sezuan. Kommentar: Wolfgang Jeske. SBB 25. 214 Seiten
- Der kaukasische Kreidekreis. Kommentar: Ana Kugli. SBB 42. 189 Seiten
- Leben des Galilei. Kommentar: Dieter Wöhrle. SBB 1. 191 Seiten
- Mutter Courage und ihre Kinder. Kommentar: Wolfgang Jeske. SBB 11. 185 Seiten

Georg Büchner
- Danton's Tod. Kommentar: Joachim Hagner. SBB 89. 200 Seiten
- Lenz. Kommentar: Burghard Dedner. SBB 4. 155 Seiten

Paul Celan. »Todesfuge« und andere Gedichte. Kommentar: Barbara Wiedemann. SBB 59. 186 Seiten

Annette von Droste-Hülshoff. Die Judenbuche. Kommentar: Christian Begemann. SBB 14. 136 Seiten

Joseph von Eichendorff. Aus dem Leben eines Taugenichts. Kommentar: Peter Höfle. SBB 82. 180 Seiten

Theodor Fontane
- Effi Briest. Kommentar: Dieter Wöhrle. SBB 47. 414 Seiten
- Irrungen, Wirrungen. Kommentar: Helmut Nobis. SBB 81. 258 Seiten

Max Frisch
- Andorra. Kommentar: Peter Michalzik. SBB 8. 166 Seiten
- Biedermann und die Brandstifter. Kommentar: Heribert Kuhn. SBB 24. 142 Seiten
- Homo faber. Kommentar: Walter Schmitz. SBB 3. 301 Seiten

NF 279b/2/5.13

Johann Wolfgang Goethe
- Egmont. Kommentar: Helmut Nobis. SBB 127. 184 Seiten
- Faust I. Kommentar: Ralf-Henning Steinmetz. SBB 107. 298 Seiten
- Götz von Berlichingen. Kommentar: Wilhelm Große. SBB 27. 243 Seiten
- Die Leiden des jungen Werthers. Kommentar: Wilhelm Große. SBB 5. 222 Seiten
- Wilhelm Meisters Lehrjahre. Kommentar: Joachim Hagner. SBB 85. 700 Seiten

Grimms Märchen. Kommentar: Heinz Rölleke. SBB 6. 136 Seiten

Peter Handke. Wunschloses Unglück. Kommentar: Hans Höller. SBB 38. 131 Seiten

Friedrich Hebbel. Maria Magdalena. Kommentar: Florian Radvan. SBB 74. 150 Seiten

Christoph Hein. Der fremde Freund. Drachenblut. Kommentar: Michael Masanetz. SBB 69. 236 Seiten

Hermann Hesse
- Demian. Kommentar: Heribert Kuhn. SBB 16. 233 Seiten
- Narziß und Goldmund. Kommentar: Heribert Kuhn. SBB 40. 407 Seiten
- Siddhartha. Kommentar: Heribert Kuhn. SBB 2. 192 Seiten
- Der Steppenwolf. Kommentar: Heribert Kuhn. SBB 12. 306 Seiten
- Unterm Rad. Kommentar: Heribert Kuhn. SBB 34. 275 Seiten

E. T. A. Hoffmann
- Das Fräulein von Scuderi. Kommentar: Barbara von Korff-Schmising. SBB 22. 149 Seiten

NF 279b/3/5.13

- Der goldene Topf. Kommentar: Peter Braun. SBB 31. 157 Seiten
- Der Sandmann. Kommentar: Peter Braun. SBB 45. 100 Seiten

Ödön von Horváth
- Geschichten aus dem Wiener Wald. Kommentar: Dieter Wöhrle. SBB 26. 168 Seiten
- Glaube Liebe Hoffnung. Kommentar: Dieter Wöhrle. SBB 84. 152 Seiten
- Jugend ohne Gott. Kommentar: Elisabeth Tworek. SBB 7. 195 Seiten
- Kasimir und Karoline. Kommentar: Dieter Wöhrle. SBB 28. 147 Seiten

Franz Kafka
- Der Prozeß. Kommentar: Heribert Kuhn. SBB 18. 352 Seiten
- Das Urteil und andere Erzählungen. Kommentar: Peter Höfle. SBB 36. 188 Seiten
- Die Verwandlung. Kommentar: Heribert Kuhn. SBB 13. 134 Seiten
- In der Strafkolonie. Kommentar: Peter Höfle. SBB 78. 133 Seiten

Gottfried Keller. Kleider machen Leute. Kommentar: Peter Villwock. SBB 68. 192 Seiten

Heinar Kipphardt. In der Sache J. Robert Oppenheimer. Kommentar: Ana Kugli. SBB 58. 220 Seiten

Heinrich von Kleist
- Penthesilea. Kommentar: Axel Schmitt. SBB 72. 180 Seiten.
- Der zerbrochne Krug. Kommentar: Axel Schmitt. SBB 66. 186 Seiten
- Prinz Friedrich von Homburg. Kommentar: Andrea Neuhaus. SBB 105. 155 Seiten

Wolfgang Koeppen. Das Treibhaus. Kommentar: Arne Grafe. SBB 76. 290 Seiten

NF 279b/4/5.13

Gert Ledig. Vergeltung. Kommentar: Florian Radvan. SBB 51. 233 Seiten

Gotthold Ephraim Lessing
- Emilia Galotti. Kommentar: Axel Schmitt. SBB 44. 171 Seiten
- Minna von Barnhelm. Kommentar: Maria Luisa Wandruszka. SBB 73. 172 Seiten
- Miß Sara Sampson. Kommentar: Axel Schmitt. SBB 52. 170 Seiten
- Nathan der Weise. Kommentar: Wilhelm Große. SBB 41. 238 Seiten

Molière. Der eingebildete Kranke. Kommentar: Andrea Neuhaus. SBB 123. 118 Seiten.

Robert Musil. Die Verwirrungen des Zöglings Törleß. Kommentar: Oliver Pfohlmann. SBB 130. 290 Seiten

Novalis. Heinrich von Ofterdingen. Kommentar: Andrea Neuhaus. SBB 80. 254 Seiten

Ulrich Plenzdorf. Die neuen Leiden des jungen W. Kommentar: Jürgen Krätzer. SBB 39. 157 Seiten

Rainer Maria Rilke. Die Aufzeichnungen des Malte Laurids Brigge. Kommentar: Hansgeorg Schmidt-Bergmann. SBB 17. 299 Seiten

Joseph Roth. Hiob. Roman eines einfachen Mannes. Kommentar: Heribert Kuhn. SBB 112. 268 Seiten

Friedrich Schiller
- Kabale und Liebe. Kommentar: Wilhelm Große. SBB 10. 175 Seiten
- Maria Stuart. Kommentar: Wilhelm Große. SBB 53. 220 Seiten

NF 279b/5/5.13

- Die Räuber. Kommentar: Wilhelm Große. SBB 67. 272 Seiten
- Wilhelm Tell. Kommentar: Wilhelm Große. SBB 30. 196 Seiten

Arthur Schnitzler
- Lieutenant Gustl. Kommentar: Ursula Renner-Henke. SBB 33. 162 Seiten
- Traumnovelle. Kommentar: Andrea Neuhaus. SBB 113. 139 Seiten

Shakespeare. Romeo und Julia. Kommentar: Werner Frizen und Detlef Klein. SBB 115. 232 Seiten

Theodor Storm. Der Schimmelreiter. Kommentar: Heribert Kuhn. SBB 9. 199 Seiten

Martin Walser. Ein fliehendes Pferd. Kommentar: Helmuth Kiesel. SBB 35. 164 Seiten

Frank Wedekind. Frühlings Erwachen. Kommentar: Hansgeorg Schmidt-Bergmann. SBB 21. 148 Seiten

Peter Weiss
- Abschied von den Eltern. Kommentar: Axel Schmolke. SBB 77. 192 Seiten
- Die Ermittlung. Kommentar: Marita Meyer. SBB 65. 304 Seiten
- Die Verfolgung und Ermordung Jean Paul Marats. Kommentar: Arnd Beise. SBB 49. 180 Seiten

Christa Wolf
- Der geteilte Himmel. Kommentar: Sonja Hilzinger. SBB 87. 320 Seiten
- Kein Ort. Nirgends. Kommentar: Sonja Hilzinger. SBB 75. 158 Seiten
- Medea. Kommentar: Sonja Hilzinger. SBB 110. 255 Seiten

NF 279b/6/5.13